U0661806

中华精神家园

物宝天华

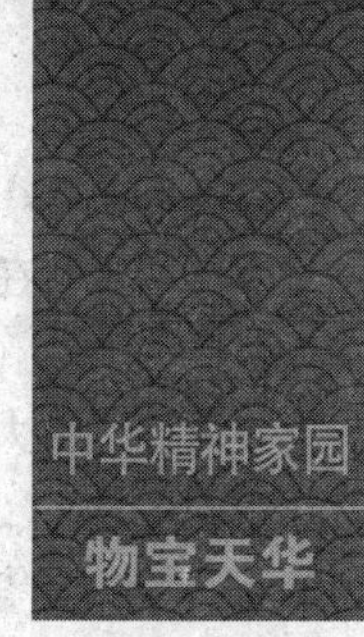

天然大漆

漆器文化与艺术特色

肖东发 主编　李文静 编著

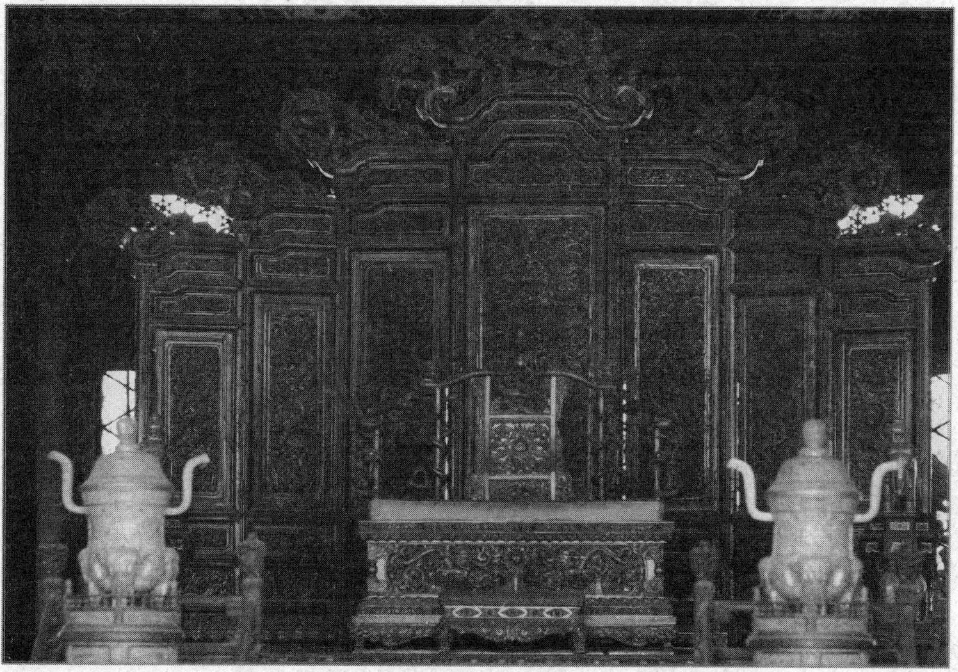

中国出版集团
现代出版社

图书在版编目（CIP）数据

天然大漆 / 李文静编著. — 北京：现代出版社，2014.10（2019.1重印）
（中华精神家园书系）
ISBN 978-7-5143-3021-2

Ⅰ. ①天… Ⅱ. ①李… Ⅲ. ①漆器（考古）—介绍—中国 Ⅳ. ①K876.7

中国版本图书馆CIP数据核字(2014)第236230号

天然大漆：漆器文化与艺术特色

主　　编：肖东发
作　　者：李文静
责任编辑：王敬一
出版发行：现代出版社
通信地址：北京市定安门外安华里504号
邮政编码：100011
电　　话：010-64267325 64245264（传真）
网　　址：www.1980xd.com
电子邮箱：xiandai@cnpitc.com.cn
印　　刷：固安县云鼎印刷有限公司
开　　本：710mm×1000mm　1/16
印　　张：9.75
版　　次：2015年4月第1版　2021年3月第4次印刷
书　　号：ISBN 978-7-5143-3021-2
定　　价：29.80元

党的十八大报告指出："文化是民族的血脉，是人民的精神家园。全面建成小康社会，实现中华民族伟大复兴，必须推动社会主义文化大发展大繁荣，兴起社会主义文化建设新高潮，提高国家文化软实力，发挥文化引领风尚、教育人民、服务社会、推动发展的作用。"

我国经过改革开放的历程，推进了民族振兴、国家富强、人民幸福的中国梦，推进了伟大复兴的历史进程。文化是立国之根，实现中国梦也是我国文化实现伟大复兴的过程，并最终体现为文化的发展繁荣。习近平指出，博大精深的中国优秀传统文化是我们在世界文化激荡中站稳脚跟的根基。中华文化源远流长，积淀着中华民族最深层的精神追求，代表着中华民族独特的精神标识，为中华民族生生不息、发展壮大提供了丰厚滋养。我们要认识中华文化的独特创造、价值理念、鲜明特色，增强文化自信和价值自信。

如今，我们正处在改革开放攻坚和经济发展的转型时期，面对世界各国形形色色的文化现象，面对各种眼花缭乱的现代传媒，我们要坚持文化自信，古为今用、洋为中用、推陈出新，有鉴别地加以对待，有扬弃地予以继承，传承和升华中华优秀传统文化，发展中国特色社会主义文化，增强国家文化软实力。

浩浩历史长河，熊熊文明薪火，中华文化源远流长，滚滚黄河、滔滔长江，是最直接的源头，这两大文化浪涛经过千百年冲刷洗礼和不断交流、融合以及沉淀，最终形成了求同存异、兼收并蓄的辉煌灿烂的中华文明，也是世界上唯一绵延不绝而从没中断的古老文化，并始终充满了生机与活力。

中华文化曾是东方文化摇篮，也是推动世界文明不断前行的动力之一。早在500年前，中华文化的四大发明催生了欧洲文艺复兴运动和地理大发现。中国四大发明先后传到西方，对于促进西方工业社会的形成和发展，曾起到了重要作用。

中华文化的力量，已经深深熔铸到我们的生命力、创造力和凝聚力中，是我们民族的基因。中华民族的精神，也已深深植根于绵延数千年的优秀文化传统之中，是我们的精神家园。

总之，中华文化博大精深，是中国各族人民五千年来创造、传承下来的物质文明和精神文明的总和，其内容包罗万象，浩若星汉，具有很强的文化纵深，蕴含丰富宝藏。我们要实现中华文化伟大复兴，首先要站在传统文化前沿，薪火相传，一脉相承，弘扬和发展五千年来优秀的、光明的、先进的、科学的、文明的和自豪的文化现象，融合古今中外一切文化精华，构建具有中国特色的现代民族文化，向世界和未来展示中华民族的文化力量、文化价值、文化形态与文化风采。

为此，在有关专家指导下，我们收集整理了大量古今资料和最新研究成果，特别编撰了本套大型书系。主要包括独具特色的语言文字、浩如烟海的文化典籍、名扬世界的科技工艺、异彩纷呈的文学艺术、充满智慧的中国哲学、完备而深刻的伦理道德、古风古韵的建筑遗存、深具内涵的自然名胜、悠久传承的历史文明，还有各具特色又相互交融的地域文化和民族文化等，充分显示了中华民族的厚重文化底蕴和强大民族凝聚力，具有极强的系统性、广博性和规模性。

本套书系的特点是全景展现，纵横捭阖，内容采取讲故事的方式进行叙述，语言通俗，明白晓畅，图文并茂，形象直观，古风古韵，格调高雅，具有很强的可读性、欣赏性、知识性和延伸性，能够让广大读者全面接触和感受中国文化的丰富内涵，增强中华儿女民族自尊心和文化自豪感，并能很好继承和弘扬中国文化，创造未来中国特色的先进民族文化。

2014年4月18日

漆器之源——上古时期漆器

漆丹随——秦汉魏晋漆器

琳琅漆具——隋唐五代漆器

漆之大成——宋元明清漆器

上古时期漆器

我国古代有漆国之称，最早的发现在浙江省河姆渡新石器遗址中，一些陶器和木器的遗痕有发亮的漆皮，经鉴定距今有七八千年历史，证明我国是最早使用漆的国家。

另外，在江苏省吴江梅堰新石器时期良渚文化遗址中发现棕色彩绘陶器，经初步试验棕色物质为漆。在辽宁敖汉旗大甸子古墓中发现的觚形薄胎朱漆器，距今约3400年至3600年。

夏商时期，漆器被广泛应用，当时的漆工艺已经成了一项专门的手工业。

新石器时期的萌芽状态漆器

在远古时期，人类会用天然材料对破损、残缺、断裂的生产工具或生活用具进行黏结、修复利用。在先民们了解了漆的物性后，他们便开始有意识地利用漆来加固破损、断裂的生产生活用品，或用其来调和经过碾磨的颜料，用于涂布、标记、描画。

良渚文化彩绘陶罐

人们先是简单地在地面、岩洞、石头、树皮等上面描摹出一幅幅朴实的图画，标记一个个符号，进而发展到漆与天然矿物颜料调和，“配制”成原始的髹涂性物质，用其髹饰器具、物品，因此，漆器的装饰艺术随着漆的利用而发端。

随着生产力的发展，为

■ 河姆渡遗址的人们在制作陶器

了满足日常生活的需要，产生了各种烹饪器、饮水器、食物存储器，从而逐渐制作出了竹木质、骨角质及至陶质的容器来。

我国是世界上最早认识生漆的特性并能将之调成各种颜色，用作器物表面装饰、作美化之用的国家。我国历代漆器，胎质有木、麻布、陶、铜、铁、角、皮、竹等多种，其中尤以木胎为大宗。

远古时期，木头容易采集、便于塑造，因此比石头的应用范围更广。在新石器时期的墓葬遗址中，发现有髹漆的器物主要有木碗、陶罐、陶壶、陶觚及高足杯等，多是生活器皿。

河姆渡文化是发现于浙江省余姚市河姆渡镇金吾庙村的古老而多姿的新石器文化，主要分布在杭州湾南岸的宁绍平原及舟山岛，年代为公元前5000年至公元前3300年。它是新石器时期母系氏族公社时期的氏

生漆 即天然漆，称“土漆”，又称“国漆“或“大漆”它是从漆树上采割的乳白色胶状液体，一旦接触空气后转为褐色，数小时后表面干涸硬化而生成漆皮。生漆的经济价值很高，具有耐腐、耐磨、耐酸、耐溶剂、耐热、隔水和绝缘性好、富有光泽等特性。

■ 河姆渡遗址出土的稻穗纹陶钵

■ 河姆渡出土的彩陶纹钵

族村落遗址，反映了约7000年前长江流域氏族的情况。

在河姆渡遗址的第三文化层中，发现了一件漆碗和一件缠藤篾朱漆木筒。这两件东西是我国最早的古代木胎漆器。

其中，漆碗器壁较厚，敛口，圈足外撇呈瓜棱形。碗口直径9.2—10.6厘米，高5.7厘米，底部直径7.2—7.6厘米。壁外面有一层薄薄的朱红色涂料，微显光泽。

经分析鉴定，可以确认涂料的基质是我国生漆。从用朱漆来髹涂木碗的实物形态、制作工艺上判定，当时的人们已经利用了生漆的流动性和髹涂性，且已掌握了漆的调和功能和兑色技术，而在器物表面之所以髹朱红，纯粹为了装饰功用，表达其审美情趣。

该碗平整光滑的漆膜表明所用的漆已经经过过滤，颜料经过粗略碾磨，颗粒均匀，杂质较少，反映出当时的漆工匠在制漆方面已经达到一定水准，髹漆工艺经过长时期的进化，业已成为一种成熟的、高级的漆器营造工艺。

同时发现的缠藤篾朱漆木筒，长32.6厘米，直径9.4厘米，壁厚0.7厘米，是用整段木料加工成形后髹漆而成的。它的内外壁厚薄均匀，磨错得光亮洁净，横断面略呈椭圆形。在外壁上下两端缠有几道藤篾，起装饰和加固作用。

漆木筒的外壁涂有朱漆，虽因久埋地下而有所脱落，但残存的漆皮依稀可见，并有光泽。

河姆渡遗址中发现的漆品是我国漆器艺术滥觞时期的标志性器物，说明早在新石器时期我国就已认识了漆的性能并调配颜色，用以制器，由此揭开了我国漆器制造史第一页。它们在我国漆器发展史上占有重要的地位。

漆树起源于我国，是一个古老的树种。在河姆渡居民生活的村庄南面的四明山中就曾有大片的漆树生长，这表明，在河姆渡文化时期，人们就已经具备了用漆的基本条件。

同时，河姆渡遗址附近气候温暖潮湿，漆器干燥较快，不易出现裂纹，且光泽、硬度较好，这也为河姆渡居民制作漆器带来了良好的外在条件。正是上述两个原因，河姆渡遗址中才发现了木筒、木碗等漆器实物。

河姆渡文化为新石器时期漆器之发轫，而良渚文化晚期的漆器更是其中的一个重要代表，被喻为“世界东方文明璀璨明珠”的良渚文化距今5300年至4300年，位于杭州市余杭区良渚、瓶窑两个镇地域内。其分布区域南以钱塘江为界，西北到江苏常州一带，太湖地区是

远古制作陶器场景

良渚文化红陶罐

分布中心。此外，长江北岸的江苏省海安县青墩上层也含有某些良渚文化的因素。

经过对良渚文化分期成果的整合，将良渚文化分为早、中、晚三期，早期是磨合期，中期是高峰期，晚期是动荡期，晚期并非一个衰落的时期，而是一段伴随着战争与动荡的历史记忆。反山遗址、瑶山遗址、卞家山遗址等都是晚期良渚文化的代表。

以犁耕为代表的农业技术革新为良渚当时的社会提供了较为充盈的粮食和其他生活资料，这使农业和漆器制作等手工业的分离越发彻底，与同时期的其他文化相比，也越发迅速。

在良渚晚期，一大批劳动力开始专门从事手工业生产，这大幅度地促进了手工业的发展，加剧了由于社会分工而导致的社会分化，这恰是文明社会产生的必要前提。

良渚文化三足盉

良渚文化中，许多手工业门类都取得了巨大的成就，如玉器、黑陶器、丝织品、漆木器等，每一门类都可以说是举世无双。

这些作品是拥有者非凡身份的标签，也可能承载着通天礼神的重要功能，它们共同向世人展示了一种令人

良渚文化遗址

瞠目结舌的工艺高度。

良渚文化可以看作我国新石器时期髹漆工艺的巅峰代表，漆器是良渚文化为我国物质文化作出的一大贡献。在多处良渚文化的遗址中，发现了为数不少的髹漆器物，包括陶胎与木胎两种不同材质的漆器，木胎漆器较诸陶胎漆器更为发达。

如庙前、绰墩、卞家山等遗址中都发现了不少精美的木胎漆器，在庙前遗址有一件木胎漆盘，绰墩遗址中则出现了木胎漆杯，而这几者之中，要数卞家山遗址发现的漆器最为繁多精美。

良渚文化彩绘陶盘

不过，漆器虽然也是公认的良渚文化中重要的物质成就，但因材质不易保存，虽然经常会在墓葬中见到鲜红的朱漆痕迹，却总是无法提取出成形的漆器。即使是在规模极大的反山、瑶山遗址，鲜艳而华丽的嵌玉漆器也只能依稀看见朱漆大体的形状，漆所附着的

夔纹 我国古代器具上的装饰纹样之一。图案表现传说中的一种近似龙的动物夔，主要形态近似蛇，多为一角、一足、口张开、尾上卷。有的夔纹已发展为几何图形。常施于簋、卣、觚、彝和尊等器皿的足、口的边上和腰部作装饰。

胎体早已无迹可寻。

而卞家山遗址发现的漆器数量之多，种类之丰富，保存之完好是十分罕见的。有桨、插、锤、觚、筒形器、豆、盘、勺、屐、球、器盖、柄、陀螺等许多类别，其中，漆觚数量最多，经过比对拼接，确认至少有8件，造型风格与商周时的青铜觚十分相似。

卞家山遗址所有漆器均以整木挖凿，外表涂饰着朱漆。有些漆器有黑漆作底，用红线勾勒出图案，依稀可以分辨出它承载着的遥远时期的记忆。

卞家山遗址发现的大量遗物中有不少是精美的人工制品，其中最引人注目的是一件色彩艳丽的木胎彩绘漆器。该漆器为椭圆形器盖残件，长约20厘米，宽10厘米。鼓突面以黑底朱线描绘有两组抽象鸟纹，风格颇似商代夔纹。

晚期良渚文化中的漆器具有实用性与装饰性，工匠们的髹漆技艺十分高超，这从良渚文化中产生的丰

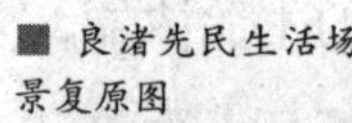

■ 良渚先民生活场景复原图

富的器形就可以看得出来，有杯、盘、盆、豆、盖等容器，还有玉钺柄、圆形盾牌状嵌玉漆器等其他器具，可见工匠们对于生漆的性能已然有了充分的认识。

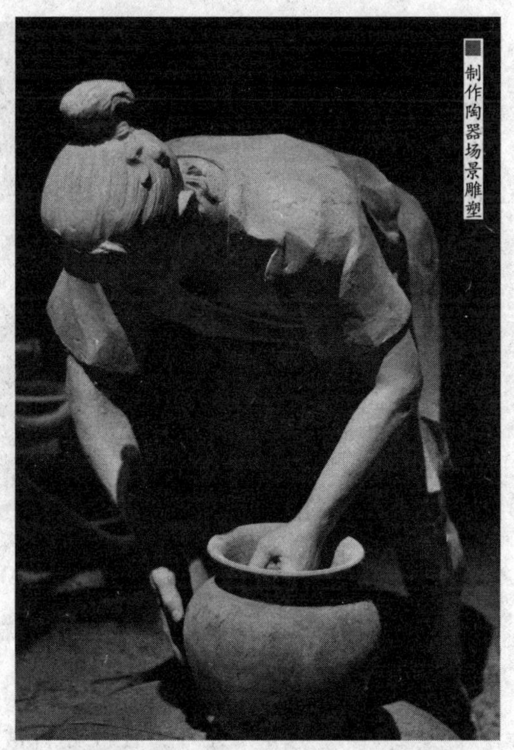
制作陶器场景雕塑

良渚文化的漆器虽已具备轻便、坚固、耐酸、耐热、防腐，外形可根据用途灵活变化等多种实用价值，但随着社会的发展，到晚期时，漆器的装饰性与象征价值已大于了实用性，良渚晚期木胎漆器与良渚的代表玉镶嵌成精美的艺术品，富丽堂皇、典雅美观，因而也成了贵族象征。

在江苏省吴江梅堰新石器时期末期良渚文化遗址中，还发现有两件彩陶，一件在烧制的黑陶器上用金黄、棕红两色绘出两道弦间丝绞纹，另一件纯用棕红色，仅一道花纹。彩陶上用的彩绘原料经分析为漆。

漆绘黑衣陶罐表面先施一层稀薄棕色漆，然后在上面用厚漆加绘金黄、棕红色双钩网纹，网纹交接处断开，表示层叠关系，绘制技术已趋成熟，这是漆工艺史上发现的最古老的彩绘漆器。

在浙江省余杭瑶山良渚文化的祭坛遗址上，发现了不少的朱红色的漆皮痕迹以及200余颗镶嵌漆器的小玉粒，可见原有不少杯、碗等漆器随葬，其中9号墓有一件嵌玉的高足朱漆杯。

虽然漆杯的胎体已朽，但漆膜仍保持着原状，并显露出光泽，这

■ 马家浜文化遗址出土文物

说明良渚人已经利用了生漆的黏结力，将品质纯正、色彩晶莹的白玉镶嵌在红色的漆杯之上，使之相映成趣。

这件朱漆杯不但是我国发现的最早运用镶玉的漆器，而且还开后世青铜器镶嵌之先河，凝结了中华民族的聪明才智，是良渚人在漆器制作工艺方面不懈探索的结晶，并且代表了5000年前我国原始社会末期良渚漆器的高超水平，这也就说明了我国漆器制作工艺在原始社会末期亦趋于成熟。

另外，在江苏省常州发现的6000年前的马家浜文化遗址中，有一件喇叭形器，上端涂成黑色，下端涂成暗红色，有光泽，此外还有一些涂有漆的陶罐，是最早的以陶器为胎骨髹涂生漆的实物。

在陶器上髹涂生漆，不仅增强了陶器的防水渗漏功能，更重要的是提高了陶器的装饰性，显露了远古时期的人类对美感的追求和审美情趣的体验。

对于原始时期的人们来说，物体的美善与否大多取决于它的实用性。早期的漆器实际上就是髹漆的木器，是由木器工艺分化出来的手工门类，也是当时的人们因追求美而创造出来的器物。

经过髹漆的器物具有较强的耐酸、抗腐蚀性能，因而变得更加坚固耐用；经过推光和打磨，漆面还能

彩绘 在我国自古有之，被称为丹青。其常用于我国传统建筑上绘制的装饰画。我国建筑彩绘的运用和发明可以追溯到2000多年前的春秋时代。它自隋唐期间开始大范围运用，到了清朝进入鼎盛时期，清朝的建筑物大部分都覆盖了精美复杂的彩绘。

产生动人的光泽，外表十分美观；加之木头本身的特点，良渚文化漆器体质也是很轻的。这些都是漆器本身就具有的很大的实用性优点。

根据上述的发现推测，长江下游的江浙地区，很可能是漆工艺的摇篮，此后，逐渐扩展到黄河流域等地。由于生产力的低下，髹漆艺术的发生经历了一个相当缓慢的发展阶段。

黄河与长江自古被称为中华民族的“母亲河”，沿河两岸自古以来生活着勤劳勇敢的中华民族优秀儿女，热爱着黄河，也与黄河作着不屈不挠的斗争，由生产、生活中孕育了深厚广博的中华古文明，因此，黄河流域的原始文化在中华文化史上占据着十分重要的地位，对中华民族文化发展的影响是十分突出和重要的。

黄河流域最著名的原始文化，包括仰韶文化、马家窑文化、大汶口文化、龙山文化、裴李岗文化、大地湾文化、齐家文化等，成为从新石器时期至文明时期的一个完整的体系。

陶寺位于山西省襄汾县陶寺村南、崇山西麓的坡地上。面积约500万平方米。文化遗存非常丰富，主要遗存特征明显，从而为中原龙山文化确立了一个新的类型。据测定，年代约当公元前2500年至公元前2000年。

陶寺遗址对研究我国文明起源及探索夏文化，具有重要的学术价值。

新石器时期黑陶鼎

在山西省襄汾陶寺墓地发现了距今3800年至4000年的彩绘木器，对于揭示我国古代北方漆器的起源有着重要意义，也表明当时漆器的用色和造型

新石器时期的制陶场景复原图

已经极为丰富。

陶寺龙山文化墓地的这批彩绘木器，胎骨虽已腐朽，尚可辨认出为鼓、案、俎、几、匣、碗、斗、豆等多种器形。它们大多施有彩绘纹，纹样有条带纹、几何纹、云纹、回纹等。

其中木鼓均成对，鼓腔作直筒形，高约 100厘米，直径40—50厘米，系树干挖制而成。外施单色红彩，或以红彩为地，用黄、白、蓝、黑、绿等色绘出繁缛的花纹、图案。木豆彩皮剥落时呈卷状，与漆皮相似。

这一发现，揭示了古代北方漆器的祖源，表明陶寺龙山文化彩绘木器系商周漆器之先导。除此之外，在辽宁省敖汉旗大甸子古墓中也发现有觚形薄胎朱漆器，距今约3400年至3600年。

阅读链接

时至今日，人们已经无法确证世界上第一件漆器产品发明制作的具体年代，只能根据极其有限的考古证据、典籍记载作出非常受限制的推断，但可以肯定的是漆器的产生必然经历了一个极其缓慢的演变过程。

如古文献记载：“漆之为用也，始于书竹简，而舜作食器，黑漆之，禹作祭器，黑漆其外，朱画其内，于此有其贡，周制于车，漆饰愈多焉，于工之六材，亦不可缺，皆取其坚牢于质，于其广彩于文也。……呜呼，漆之为用也其大哉！于此千文万华，纷然不可胜识矣。”

稳步发展的夏商时期漆器

关于漆器的记载，比较早的有韩非子的《十过篇》："禹做祭器，黑漆其外，而朱画其内。"这就是说，大禹时期，也就是夏朝做的漆器，外面是黑色的，里面用红色漆画出纹饰。

夏商时期，漆器已经被广泛应用。夏商漆器品种以生活用具为主。夏代漆器器形有鼓、筒形器、觚、盒和漆棺等；漆器上的纹饰主要受当时陶器和青铜器的影响，以动物纹样和几何纹样为主。如在河南省二里头典型的夏代遗址中，就发现有装饰兽面纹的漆器。

夏代河蟠螭纹填漆铜豆

夏代漆器的胎骨，只有木胎一种，其制作工艺继承了前人的方

夏代嵌贝彩陶鬲

彩陶三足盖罐

法，如觚、钵、豆等都是采用挖制和斫制相结合，并出现了新的雕刻工艺。

如河南省偃师二里头遗址发现有雕花漆器的残片，虽然已不再是成品的面貌，但仍然可以确定当时漆技术已经用于日常使用的多种器物中。

在辽宁省敖汉旗大甸子墓地有30多座夏代墓葬，都发现了漆器或漆器碎屑，器形有觚形器、筒形器等，并有经过加工的松石片、蚌片、螺片发现，说明当时已经有镶嵌绿松石和螺钿的漆器。

夏代之后，漆器的品种逐渐增多，殷商时期漆器的制作工艺水平在稳步发展，用途也在慢慢扩大，而且漆器的造型、纹饰深受青铜文化的影响。

商代漆器品种以日常用具为主，器型有盘、觚、钵等日常用品，乐器有鼓，兵器有盾、甲、马车，丧葬用的有棺椁等，并出现了长方形和圆形的漆盒。

商代漆器上的纹饰以动物纹样和几何纹样为主，如饕餮纹、雷纹、蕉叶纹等纹样，漆色为红、黑两色，一般以朱漆为地，用黑漆涂成花纹，并能在漆里掺杂各色颜料。

饕餮纹 我国古代常见的一种纹饰。饕餮是一种想象中的神秘怪兽。为一种图案化的兽面，这种怪兽没有身体，只有一个大头和一个大嘴，十分贪吃，见到什么吃什么，由于吃得太多，最后被撑死。它是贪欲的象征。它是东海龙王的第五个儿子。

还出现了镶嵌工艺和贴金箔技艺，即在有些器物的花纹上还嵌有磨制成圆形、方形、三角形的嫩绿色松石，还有一些器物的表面贴有金箔。

如在一件商代漆盒的朽痕中，发现了半圆形的金饰薄片，其正面阴刻有云雷纹，背面遗有朱漆痕迹，可能是漆盒上的金箔，这表明最早在商代金箔已用于漆器的装饰。

商代漆器的胎骨有木胎、陶胎和铜胎3种，其中以木胎为主，陶胎、铜胎则少见。

■ 商代漆器陶鬲

商代的漆工艺已达到相当高的水平，如在商代中期的黄陂盘龙城遗址发现有一面雕花、另一面涂朱的木椁板印痕，河北省藁城台西遗址出土的漆器残片中，有的雕花涂色加松石镶嵌。在安阳侯家庄商代王陵发现的漆绘雕花木器中，还有蚌壳、蚌泡、玉石等镶嵌。

商代漆器的发现地主

要集中于河南安阳殷墟，同时在黄河中下游及长江一带也有发现。

髹漆 我国古代将以漆漆物称之为“髹”，髹漆也就是以漆涂刷于各种胎骨制成的器物上。如《周礼·春官·巾车》记载：“駹车、草蔽、然、髹饰。”《汉书》卷九七下：“其中庭彤朱而殿上髹漆。”等。明代是我国漆工史上又一次有重大发展和革新的时代，髹饰工艺空前绝胜。

河南省安阳殷墟的商代漆器均不完整，只有木器雕刻和带有朱红色印痕的泥土，在精致的花纹间，镶嵌有各种图案的骨雕、椭圆形小蚌壳。这些朱红雕花木器，是我国较古的漆器纹饰印痕之一；骨雕和蚌壳，是我国较早的漆器镶嵌实物之一。

殷墟武官村商代大墓中，发现了很多雕花木器的朱漆印痕，虽然木器已腐朽无存，但印在土上的朱漆花纹还很鲜艳。同一地点的虎纹石磬两侧，各发现一处方形印痕，据分析，是磬架方座漆绘的纹饰。

殷墟中多次发现商代漆器，其中在一座墓葬中还发现有带漆的椁板。当时殷人普遍使用漆棺或漆椁下葬，车马坑中的马车普遍都髹漆。

■ 彩陶鸟首盖罐

漆器在殷人日常生活中的应用也很普遍，在殷墟西北冈王陵的一座墓中发现一件圆形漆盘内，有漆豆7件，并且还发现髹漆的“抬盘”。

西北冈商代墓葬中的花土，还能清楚地看出上面绘有云雷纹、龙纹、虎纹、饕餮纹，部分花纹还镶嵌有刻着涡纹的蚌泡。

殷墟漆器也有皮革

■ 商周遗址出土的漆罍

为胎骨的，在另一座王陵大墓南墓发现有两件“皮甲”，其上用漆涂饰出美丽的菱形和卷枝纹图案。

殷墟漆器最常见的兑漆颜色是红、黑、黄、白四色，这也是晚商木棺外表的常见颜色。兑色后的漆常常用来进行彩绘。不少殷墟墓葬中的棺木外表可以看到白地红彩、黑地红彩或红地黑彩的花纹装饰，但图案全形多不可辨。

小屯西地还发现过漆绘陶片和用于镶嵌漆器的材料如蚌片、绿松石片、龟片等细小饰物。

河北省藁城台西村遗址中发现的漆器最能代表商代漆器制作的水平，残片大小不一，原器为盘、为盒，尚能辨认。木胎，朱地黑纹，饰有饕餮纹、夔纹、雷纹、蕉叶纹等图案，有的花纹上还嵌有经过磨

云雷纹 我国古代一种典型的纹饰。基本特征是以连续的“回”字形线条所构成。有的作圆形的连续构图，单称为“云纹”；有的作方形的连续构图，单称为“雷纹”。云雷纹常作为青铜器上纹饰的地纹，用以烘托主题纹饰。也有单独出现在器物颈部或足部的。

制的圆形、方圆形、三角形的绿松石，有的贴金箔。

大部花纹经雕刻后施髹饰，故表面呈现美丽的浮雕。在已发现的商代漆器中，以这些残片的髹饰工艺最为精美。

湖北省盘龙城遗址位于湖北黄陂盘龙湖畔，是商代前期城市遗址，建于公元前15世纪前后。

在遗址中，发现有涂朱的棺椁椁板板灰，推测此时的棺椁可能已用漆髹饰。

湖北省阳新的白沙遗址商代文化层，也发现有缠丝线黑漆柲，残长14厘米，最宽3.7厘米，木胎，斫制。木柲握手处凸起五层丝线，构成细密的方格云雷纹，每组图案为四层方格纹和一个十字纹，一端边缘横缠丝线。通体髹黑漆。

河南省罗山蟒张乡天湖村墓地中共发现漆器9件，器形为碗和豆。

商周遗址出土的漆方豆

其中有一件商代缠丝线黑漆木桃，残长16.5厘米，直径2.5厘米，木桃外缠绕丝线，呈四方连续的云雷纹图案，外表髹黑色漆，图案的每一单元呈方格状，这类图案在商代玉器、铜器上亦有发现。

商周遗址出土的漆豆

另外，在山东省的益都和滕州也有商代漆器的发现。

江西省新干县大洋洲乡程家村被称为“江南商代第一墓”的大墓中，发现了3件虎形玉扁足和4件镂空扉棱玉片，应是商代漆器上的扁足及漆鼎腹部装饰的扉棱，进而大致推定出漆鼎玉足和腹部扉棱玉片的镶嵌方法。

阅读链接

商代的漆器已颇为鲜艳，有时漆也涂于木器以外的陶器，皮革，金属等不必加以保护的器物。后来又涂于苎麻布之外，其成品之轻盈鲜艳，令铜器望尘莫及。

可见古人用漆，最初是借重其光泽，后来才发现其薄膜有增加木器耐用性的功能，因此大量施用于木器。所以漆器业的发展与木器业有密切的关系。而木器业又与其制造工具的材料有绝对的关系。

木材大半粗素无纹，或纹目不显，不加漆涂就显不出其令人喜爱的色彩和光泽。木器之所以为人们所看重，主要还是借助漆的色泽。

以楚文化为代表的战国漆器

战国时期，漆器工艺继承了商周时期的技术，生产规模日趋扩大，成为历史上重要成长时期，漆器已融入人们的日常生活。漆器的制作已社会化，漆器的使用得到社会的认可，其轻便、无异味、耐腐蚀、保暖隔热的特性已被人们普遍认知。

这时，漆器制品已经广泛应用于各个阶层。从墓葬发现的遗物来看，显示统治者地位的陪葬品中，漆器逐渐增多，而青铜器逐渐减少，这说明当时漆器工艺已相当成熟。

楚墓出土的漆器

战国时期，漆器制造业成为独立的手工业部门和冶铁业技术的提高，使漆器制作在制胎和加工方面的水平大大提高。商品经济的发展，使大量的漆器以商品的形式进入了市场。战国时期已经有了专门培植漆树的园圃，漆工的管理也具有了一定的规模和组织，内部分工细致。

这样一来，就导致战国时期漆器数量大增，应用范围变广，首先最常见的是日常生活用品，如奁、盒、匣、匜、鉴、枕、床、案、几、俎、箱、屏风、天秤等。

其次是兵器和乐器，如编钟架、钟锤、编磬架、大鼓、小鼓、虎座双鸟鼓、瑟、琴、笙、竽、排箫、笛、甲、弓、弩、矛柲、戈柲、箭、箭箙、剑鞘、盾等。有些漆器是模仿铜器和陶器制作的，也有模仿动物造型的。

■ 战国楚墓发现的羽人漆器

这些作品器表多髹黑漆作为底色，上面用漆或油彩绘出各色图案，花纹精细流畅，绮丽无比。花纹图案除菱形纹、方块纹、三角纹等几何纹之外，更多的是用点纹、目纹、涡云纹、圈点纹、夔纹和龙凤纹。

战国漆器多与铜器结合，而商代镶嵌绿松石、蚌片的手法基本不见；楚国漆器的装饰大量运用了漆画，并出现了金银描绘技法和针刻等工艺。

这个时期装饰纹样用色较多，主要有红、黑、黄、蓝、翠绿、褐、金、银、银灰等九种颜色，但以红、黑色最多，金银色最少。

漆器的底色与装饰纹样的用色搭配和谐、讲究对

屏风 古时建筑物内部挡风用的一种家具，所谓“屏其风也”。作为传统家具的重要组成部分，一般陈设于室内的显著位置，起到分隔、美化、挡风、协调等作用。它与古典家具相得益彰，成为家居装饰不可分割的整体，而呈现出一种和谐之美、宁静之美。

■ 龙蛇座花瓣盘漆豆

比色的应用。绝大多数漆器都以黑色为地，以红色描绘花纹。

战国漆器以木胎为主，并有陶胎、铜胎、皮胎、夹纻胎、竹胎、骨角胎，其中以厚重的木胎为多，中期出现了夹纻胎和薄木胎的雏形，晚期加嵌金属的漆器增多，即扣器出现，成为了战国漆器中的珍品。

皮胎漆器主要有漆盾和漆甲，竹胎漆器主要有漆卮。

铺首 门扉上的环形饰物，是兽面纹样的一种，有多种造型，嘴下衔一环，用于镶嵌在门上的装饰，一般多以金属制作，作虎、螭、龟、蛇等形。汉代寺庙多装饰铺首，以作驱妖避邪。后人民间门扉上应用亦很广，为表示避祸求福，祈求神灵像兽类敢于搏斗那样勇敢地保护自己家庭的人财安全。

在制作工艺方面，因质料与器形的不同而采用不同的制作方法。铜、陶、骨、角等胎骨的漆器，是在器物上髹漆，有的再漆绘花纹。木胎漆器的制作过程，往往是3种方法并存的。

战国中期的漆器与金工相结合，即多在木胎制成后安上铜环、铜蹄足、铜铺首衔环等青铜构件，然后髹上漆，再描绘各种花纹图案。

战国晚期，又出现了铜扣器的新工艺，即在樽、卮等漆器外，用青铜制作的箍加固。木胎制漆主要有斫制、挖制、卷制和雕刻四种，有的一件器物同时使用几种方法。有的漆器上还发现了一些刀刻、烙印的文字，是工业作坊、漆工艺或者漆工匠姓名的标志，是战国漆器制造业发达的标志。

楚国漆器是战国这一历史时期最具代表性的器物。楚国漆器高度发达的原因，除了战国时期大的社会因素影响外，还有一些楚国自身的原因。

首先，楚国处于长江汉水流域，生长着大片漆树，有丰富竹木资源。

其次，楚国漆器工艺的发展与楚国疆域的开拓、社会经济和文化的发展密切相关。楚人不仅接受了北方中原漆器装饰技术的影响，还与秦、巴、蜀等国广泛接触，使漆工艺得到了长足发展，同时也继承了当地早期漆器的优秀成果。

最后，细致的分工和程序较高的标准化生产，也是楚国漆器在战国时期独占鳌头的重要原因。楚国漆器有制胎、涂漆、描绘、打磨等不同分工，并注意与金工的结合，注意规格和形体的相近。

楚国漆器成为繁荣的战国漆器的代表，除了不仅对当时中原地区和巴蜀地区的漆器生产工艺产生了很大的影响，也对后来秦汉漆器有

战国时期的彩漆盖豆

启迪作用。

因此，战国漆器中，以楚国漆器最为重要，其发现地点最多，品种最丰富，数量最大。楚国漆器的发现地点遍及湖北、湖南、河南、安徽、江苏、浙江等省，其中以湖北发现漆器的地点为最多。

湖北省境内以江陵为中心，有天星观、马山、雨台山、望山、拍马山、藤店、沙冢、张家山、李家台、葛城寺、云梦珍珠坡等地；湖南境内有长沙左家公山、杨家湾、五里碑、子弹库、仰天湖、扫把塘等地；其他地点有河南省信阳长台关、安徽省寿县赵家老孤堆等地。

在所有的楚国漆器中，尤以江陵、长沙、信阳、随州的发现最为著名，也最能反映楚国漆器的风格。

湖北省鄂城一共发掘了战国时期的楚国墓葬30座，漆器大多为木胎，器内多为红色，器外为黑色，少数内外均用黑色，部分器物在黑地上用红色、褐色绘几何纹、云气纹、点纹等图案，器形有耳杯、杯、尊、豆等。

战国漆器装饰品

江陵县沙冢、望山墓地发现了大量漆器，多为实用器，也有明器，其中以在望山墓地发现的一件彩绘木雕小座屏风最有代表性，用透雕和浮雕相结合的方法雕刻除了多种动物形象，座屏以黑漆为地，漆绘朱红、灰绿、金银等多种色彩。

江陵沙冢一座墓中发现的战国鸟兽纹扁壶形矢箙面板，高23.5厘米，上宽22厘米，下宽18厘米，木胎。矢箙为上大下小的扁盒，由面板、背板、底板和侧板黏合而成。

战国彩绘鸟兽纹矢箙面板

面板透雕鸟一只，凤和豹各两只；并在黑漆地上用红漆绘鸟，凤的羽毛纹和豹的花纹。边框上曾浮雕两条小蛇，在黑漆地上用红漆绘蛇的鳞甲。边框的其余三边在黑漆地上用红漆绘几何纹样。

沙冢这座墓的彩绘木雕小座屏长51.8厘米，屏宽3厘米，座宽12厘米，通高15厘米。木胎，雕制。屏座两端着地，中部悬空；屏座上竖嵌长方形雕屏。

屏内由透雕的鹿、凤、鸟各4只，蛙2只，小蛇11条，并以双凤争蛇为中心组成二方连续性图案，屏框上有浮雕小蛇8条，屏座上也有浮雕相互缠绕盘结的大蟒22条。

该座屏通体髹黑漆，用红、黄、蓝色彩绘凤、鸟的羽毛纹，鹿的梅花斑纹，蛇和蟒的鳞纹等纹样。在外框两侧用红、蓝、银色彩绘变形鸟纹。

楚国工匠巧妙地将55个动物交错穿插，相互争斗，变化复杂而有规律；并以鸟尾、小蛇将外框与雕屏相连，又以蟒头或尾相交于座上，将屏座与雕屏相连，其丰富的想象力和漆绘、木雕的卓越成就，使这件小座屏成为我国古代木雕与漆工艺术的代表作之一。

江陵纪城楚墓彩绘鸟云纹耳杯，口长17.5厘米，通宽16.5厘米，高4.2厘米。木胎，挖制辅以斫制。杯口椭圆形，有对称的双耳，平底。通体髹黑漆，耳面和杯口两端用红、黄漆绘鸟云纹，线条流畅。

这件云纹耳杯双耳成羽状，古称之为“羽觞”，《楚辞》中曾有“瑶浆密勺，实羽觞些”，是当时的饮酒器。这件器物做得轻便灵巧，黑红两色对比明显，云纹流动，龙飞凤舞其中。

李家台发现了20多件漆器，其中以彩绘漆木盾为最有特色的楚国漆器。在江陵县雨台山发现近千件漆器，其中彩绘鸳鸯形漆豆和彩绘蟠螭纹漆卮最具有代表性，是楚国漆器的代表作。

江陵枣林铺一座墓中发现的彩绘虎座鸟架悬鼓，鼓径38.4厘米，通高86厘米，木胎，雕制，由两虎、两鸟、一鼓组成。

两虎背向作昂首伏卧状，两鸟昂首分立于虎背上，鸟腿插于虎背的榫眼中，鸟尾以榫卯相连，圆形扁鼓由3个铜环用丝线连接于两鸟之间。通体黑漆，并用红、黄漆彩绘花纹，两虎身绘斑纹，鸟绘羽毛纹，鼓框绘斜三角云纹等图案。

战国时期的虎座鸟架鼓

另外，天星观也发现了100多件漆器，其中以彩绘漆透雕座屏最具代表性，高13.2厘米，宽49厘米。木胎，由凸形座和长方形屏两部分组成。

屏中间用立木分隔，两侧各透雕一龙，龙相

背，尾相连，瞪目，吐舌，屈身，蜷爪，作欲腾状。座屏通体髹饰黑漆。底座正、背斜面阴刻云纹，座两端侧面及立木饰三角云纹。所有纹饰均用红、黄、金三色彩绘。

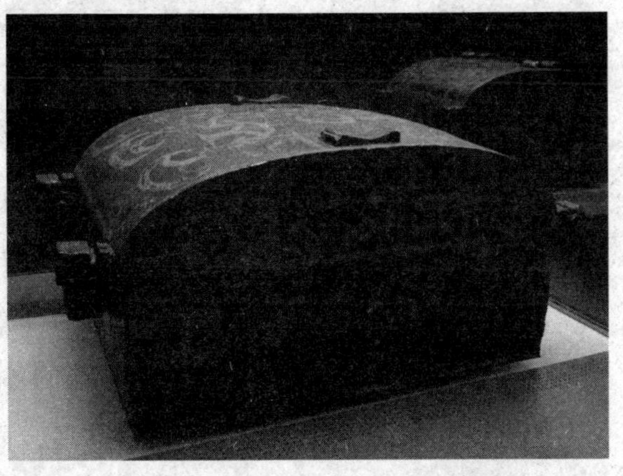

■ 战国彩绘二十八宿图衣箱

曾侯乙墓的发掘是楚国漆器的又一重要发现，发现有5000多件漆器，胎骨基本上是用一整块木板斫制或剜凿而成，纹饰主要有浮雕或透雕及彩绘，多是黑地朱漆或黑地金漆，其中以二十八宿衣箱和鸳鸯形盒最具有代表性。

曾侯乙彩绘二十八宿图衣箱，长71厘米，宽47厘米，通高40.5厘米，木胎，挖制辅以斫制。由盖、器身组成，器身为长方体，盖顶拱起。器内髹红漆，器表髹黑漆，并用红漆书写二十八宿名称等文字及其他花纹。

衣箱盖面正中书一篆文大“斗”字，环绕“斗”字按顺时针方向排列二十八宿名称，与《史记·天官书》的二十八宿名称基本相同。盖顶两端分别绘出青龙、白虎。在阬宿之下有“甲寅三日”4个字。

衣箱两端面，一面绘蟾蜍纹和星点纹；另一面绘大蘑菇云纹、星点纹。两侧面，一面绘两兽对峙、卷云纹、星点纹；另一面无花纹。

这件衣箱是我国发现记有二十八宿全部名称并以

蟾蜍纹 古代寓意纹样。蟾蜍寿命很长，可以活3000年。得金蟾者，无不大富。被用在古家具、青铜器、瓷器上，一般比较形象，也有变形的，身上有斑纹或圆形的疙瘩纹，各时期仅有个别发现。古代神话传说，月中有蟾蜍，而这只蟾蜍是嫦娥所变。所以称月为蟾、蟾宫等。

玄武 古时一种由龟和蛇组合成的一种灵物。玄武的本意就是玄冥，武、冥古音是相通的。玄，是黑的意思；冥，就是阴的意思。玄冥起初是对龟卜的形容：龟背是黑色的，龟卜就是请龟到冥间去诣问祖先，将答案带回来，以卜兆的形式显给世人。因此，最早的玄武就是乌龟。

之与北斗和四象相配的最早的天文实物资料，说明我国至少在战国早期就已形成二十八宿体系。

需要特别注意的是，与常规二十八宿星图不同，此图中二十八宿名称是按顺时针方向排列成一个椭圆形，且只出现了代表东宫的青龙和西宫的白虎，却没有代表南宫的朱雀和北宫的龟蛇。

而如果将整个漆箱的各个面展开，发现南立面的图案正是代表南宫的鸟，而北立面全部涂黑代表玄武，也就是龟蛇。

这一反方向排列的二十八宿，是一个刻意的设计。设计者是以拱形箱盖象征圆形的苍穹，长方形箱底象征大地，当人们站在大地上仰望苍穹时，则此二十八宿就成为逆时针排列。

春秋漆器圆盒

漆器水丞

由此，这个绘有星象图的漆箱，就构成一个以盖面为天穹、4个侧面为天边，箱底为大地的一个宇宙完整的模型。

曾侯乙墓乐舞纹鸳鸯盒长10.3厘米，宽6.4厘米，高8.6厘米，木胎。鸳鸯身为两半分别制作再黏合而成。其盒里髹红漆，盒外髹黑漆，用红漆与金色绘鸳鸯的眼、嘴及羽毛等纹样。并在鸳鸯盒两侧绘图：一幅龙形双层架座，上层悬两个甬钟，下层挂两件石磬，一乐师手持长棒背向撞钟；另一幅是乐师捶击建鼓，并有戴冠佩剑的舞人伴舞。

■ 春秋时期的乐舞纹鸳鸯盒

曾侯乙墓龙凤纹盖豆通高24.3厘米，口长20.8厘米，宽18厘米，木胎，雕制。分盖、身两部，盖与器身的盘耳柄座又分别雕成。盖顶中心浮雕三条盘绕的龙，由里向外的第一圈、第三圈阴刻云纹，第二圈在网纹中阴刻云纹，网纹上绘勾连纹。

在方耳内、外侧、顶面及两旁五面浮雕形态各异的龙纹。柄圆形，座大底平。盘内与盖内髹红漆，余髹黑漆，并用红、金色绘花纹。座上绘菱形纹、三角形纹和变形凤纹。

另有一件龙纹盖豆，通高28.3厘米，口长12.6厘米，宽17.3厘米，木胎，雕制。分盖、身两部，盖与器身的盘耳柄座又分别雕成。盖顶中心浮雕两条盘绕的龙，周边饰变形云纹，两端各有五组浮雕的龙首或龙身纹样。方耳的五面亦浮雕龙纹。

器身的盘为椭圆形，两侧附加浮雕方形大耳。柄圆形。盘内与盖内髹红漆，余髹黑漆，并用红、金色

龙凤纹 一种典型的装饰纹样，描绘龙与凤相对飞舞的画面，故名。龙为鳞虫之长，凤为百鸟之王，都是祥瑞之物。龙凤相配便呈吉祥，习称“龙凤呈祥纹”。龙威严而神秘，不可亲近，只可敬畏；凤象征着和美，安宁和幸福，乃至爱情，让人感到温馨、亲近、安全。

绘花纹；盘外侧上部施云雷纹，下部在网纹上施蟠螭纹，柄与座施蛮形云纹。

曾侯乙墓发现的内外棺是已知最大的漆器，外棺长3.20米，宽2.10米、高2.19米。

除此之外，江陵马山发现了较有代表性的漆盘，夹纻胎，器内外均为黑地，用暗红和朱红彩绘。

如江陵马山一座墓的彩绘勾连云纹耳杯，长18.1厘米，通宽10.5厘米，高4厘米，木胎，挖制。椭圆形，重环耳，浅腹，小平底。

通体髹黑漆，以暗红漆绘花纹：耳面与口沿为卷云纹、勾连云纹、星点纹、圆圈纹，口沿外绘勾连云纹、三角纹，耳下绘云纹、变形鸟纹，杯内绘勾连云纹、圆圈纹、星点纹等图案。

包山楚墓中发现的漆器多为木胎，少数为夹纻胎，制作方法有斫制、镟制和雕刻，器物间的结合方式有榫卯法、粘接法、铰接法、镶嵌法，大部分漆器为黑地，用深红、橘红、土黄、青、金等色彩绘，器形有豆、斗、案、折叠床等，装饰纹饰有动物、几何、植物、自然景物四种；以虎座鸟架鼓、彩绘漆棺、彩绘漆奁、凤鸟形双连漆杯最有代表性。

楚国漆器灯盏

楚国湖南地区漆器

比较重要的发现有长沙陈家大山、五家岭、识字岭、五里碑、徐家湾等地发现战国墓葬70多座，其中有两件漆盾，颜色鲜艳，制作精美，推测为古代武舞的道具或者是一种仪仗。

战国漆器豆

另外，左家公山、杨家湾、仰天湖发现了三座大型木椁墓，墓中发现朱地黑漆耳杯、黑地朱绘木漆盒等漆器。

长沙浏城桥的一座大楚墓中，也发现漆几、漆剑椟、镇墓兽、漆绘木鹿等六件漆器。

长沙发现的彩绘三凤漆盘，圆形，黑底红绘，图案为适合于圆形的凤鸟云气纹，凤鸟作了大胆的变形，夸张其代表性的部分又便于构成纹样的部分，融化结合于云气纹之中，给人露头藏尾、曲折回旋的感觉以及难以捉摸的情趣。

而长沙楚墓中发现各种彩绘漆奁，上面绘有狩猎、车马人物、宴乐舞蹈等场面，其中有件彩绘舞女漆奁很有特色，奁身组成黑色和红色的带状分割面，而在红色地上绘出黑色的衣服和白色的袖和衣领，形成色彩对比，画面中11个女子姿态各异，长袍细腰表现出楚国的风尚，形体婀娜，舞姿优美。

常德德山的战国墓中也发现了漆耳杯和漆奁，均已残破。

河南地区也有发现漆器比较丰富的楚墓，主要位于河南南部的信阳一带，另外，在淅川、鹿邑等地也有楚国漆器发现。

如河南省信阳小刘庄后的土岗上发现了一座墓，有漆器150件，器

■ 战国时期的漆鹿

形有俎、杯、杯豆、圆盘豆、高足方盘、勺、匜、几、案等，均为木雕，大部分髹黑漆，并施加各种彩绘图案。

另外一座墓也发现漆器120件，器形有俎、杯、杯豆、圆盘豆、方壶、勺、几、案等，以彩绘花瓣形盒盖、彩绘漆器残片和鼓座最有特色。

信阳战国金银彩绘漆案发现于信阳长台关战国楚墓，长150厘米，宽72厘米，高40厘米。案边共安四个可供提挽的铺首。因案常放置物件，故边框采用小面在下，大面在侧的做法，加上案四角镶曲尺铜饰，更加牢固，耐压，不易变形。

案面绘金、银、黑、黄的角涡纹、云纹，色调富丽，富于规律美。

古人席地而坐，漆案的使用提供了方便和卫生，促进了生活方式的文明。另外，此案采用铜质兽蹄形足，不仅起到更加稳定作用，而且在工艺上也体现了战国漆器家具的新水平。

在信阳还发现一件漆床，是我国卧具的首次发现，为竹木结构，木制框架竹板铺心，有围栏，底有

匜 我国古代贵族举行礼仪活动时浇水的用具，形椭长，前有流，后有鋬，多有四足。早期匜为青铜制，汉代以后出现匜金银器、匜漆器、匜玉器。《左传·僖公二十三年》有"奉匜沃盥"的记载，是古代在祭祀典礼之前的重要礼仪。

六足，用黑红漆彩绘。

楚国以外的地区也有许多漆器发现，如四川省成都羊子山墓，在最大的战国墓中发现了两件大的圆漆盒，都附有铜扣、铜圈和精美的银错花纹；漆奁均为木胎刷灰后涂漆加朱绘；方扣漆器一件为木胎上刷灰再涂漆，一件为木胎直接涂漆；圆扣漆器均为木胎上直接涂漆，有圆环形铜扣；大方扣漆器为木胎上贴编织物再涂漆而成。

四川省荥经墓葬中有战国墓6座，发现的漆器均为厚木胎，刮制，髹黑漆或红漆，没有彩绘饰物，个别漆器无髹漆，漆器上发现有8个刻画符号，应为髹漆以前用利器刻画在胎上。

四川省成都墓地也发现了大量漆器，色彩亮丽、彩饰斑斓、种类繁多，均为木胎漆器，黑地红漆彩绘，有的还有刻画符号，这次发现的大量漆器，将成都作为我国古代漆器生产中心的历史向前推移了三四百年。

在成都商业街有一座大型战国船棺合葬墓，可能是蜀国晚期的王族墓。蜀王船棺中发现的最有特色的器物是漆器，种类包括日常生活用品中的梳子、耳杯、几案等，还有瑟、编钟基座和放置物品的器座，这些漆器均为木胎漆器，底子是黑色的，上面加绘鲜亮的红彩。

战国漆器杯

漆器圆壶

虽然历经数千年，但仍是光洁如新、亮可鉴人。每一件漆器都是色彩亮丽、纹饰斑斓的绝世珍品。其纹饰变化多端，内容活泼丰富，包括龙纹、变形鸟纹、卷云纹等。

从制作技术和纹饰风格来看，这些漆器应当早于湖北江陵一带所出战国中期及晚期的楚国漆器，与湖北当阳所出春秋晚期漆器类似。

此外，许多漆器上出现的画在方格之内的龙纹，又与中原地区所出春秋晚期至战国早期错嵌红铜的铜器上的龙纹非常接近。一方面表明，这是蜀文化与中原文化交流的结果；另一方面也表明，这批漆器的制作年代不会晚于战国初期。

阅读链接

1978年春天，曾侯乙墓衣箱与曾侯乙编钟等一批国宝级文物在湖北省随县擂鼓墩的曾侯乙墓一同出土。在曾侯乙墓中同时出土的衣箱一共有5个，它们样式相同、大小相近，箱身和箱盖分别是用整块木料雕琢而成的，外表髹漆。

在其中一件漆箱盖上，绘有一幅彩色的天文图，这就是二十八星宿图。二十八星宿天文图的发现，以无可辩驳的事实证明，它是迄今所见世界上最早的二十八星宿天文图。

而且，由于它是作为装饰纹样描绘在一件盛衣物的箱子上，还说明这种天文知识在当时已相当普及了。

秦汉魏晋漆器

秦代漆器制作由工师管理生产，在漆器上戳记产地、工匠等烙印铭文。由此形成了秦代漆器的另一个显著特点是普遍都有文字和符号。

西汉漆工艺基本上继承了战国的风格，但有新的发展，生产规模更大，产地分布更广。出现了大型器物，漆器多刻铭文，详列官员及工匠名。

东汉魏晋南北朝期间漆器的发现，比起前代显得十分稀少，这与葬俗的改变有关。

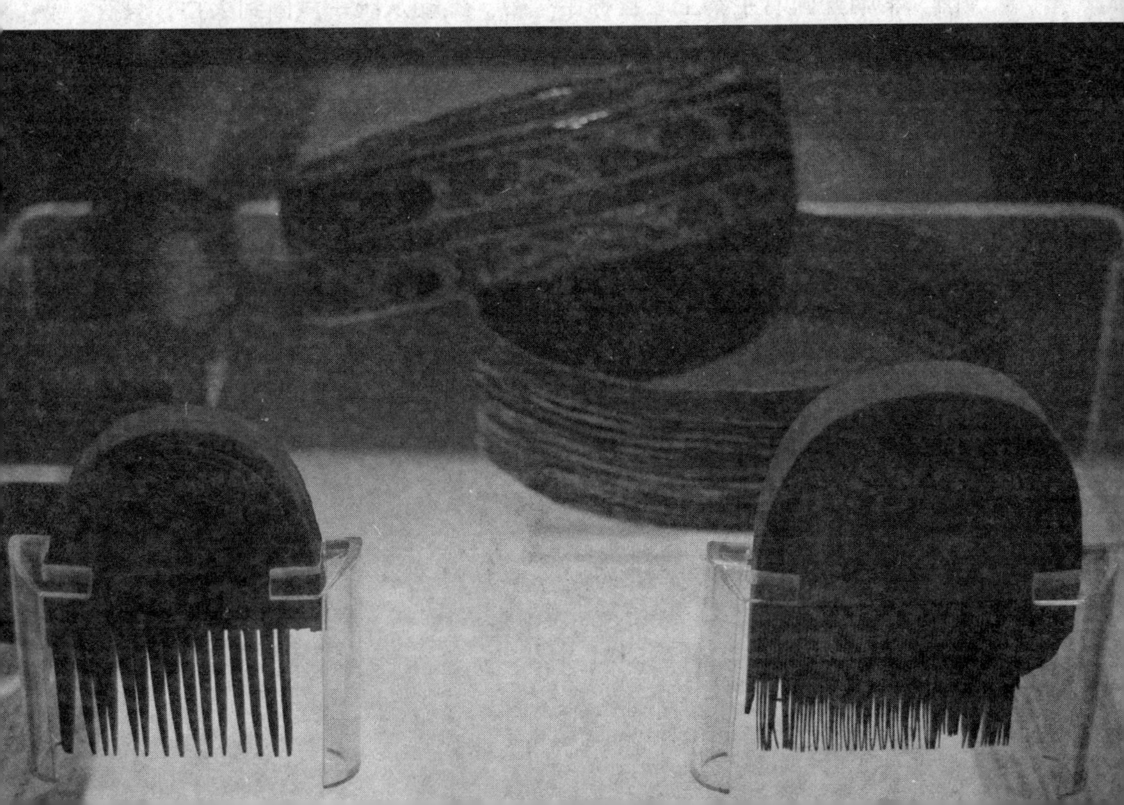

实用而美观的秦代漆器

秦朝是由战国后期的秦国发展起来的我国历史上第一个统一大帝国。秦朝开国君主秦王政自称始皇帝。秦朝从统一六国到灭亡，只有15年。

从公元前230年到公元前221年，秦国先后灭掉了关东六国，完成

秦彩绘凤鸟纹漆圆奁

国家统一，各个行业从而得到发展，漆器制造业已经非常发达，以生活用品为主，器形丰富，有圆盒、盂、双耳长盒、凤形勺、匕、扁壶、卮、樽、耳杯盒、耳杯、杖等十几种，以耳杯为最多，有的模仿动物形象和青铜器、陶器的器形。

秦代彩绘云凤纹漆圆奁

秦代漆器主要有木胎、夹纻胎、竹胎和铜胎四种。其中绝大多数为木胎，并以厚木胎最多，薄木胎较战国时期有较大的增多。漆器的制作工艺，依据质料与器形的不同而采取相应的制作方法。

秦漆器的木胎主要沿袭战国时期的斫制、挖制和雕刻3种；而漆樽、卮、圆奁和椭圆奁等，则采用卷制的新工艺，盖壁和器壁用薄木胎卷制，再与厚木胎的盖和器底相黏合而成。竹胎的制法与战国时期一样，采用锯制与编织的制作方法。极少数铜胎，系在铜容器表髹红、黑漆，末加饰彩绘花纹。

当然，这个时期漆器的选材与用料，也是相当考究的。而且动物形象也趋于简洁。例如，凤形勺的造型，为昂首曲颈张尾之凤，简化了凤之双翅与双足，于凤背上挖制成勺，它是在写实的基础上加以夸张，形不失真，造型新颖别致，反映了秦代造型艺术的特点。

秦代仿铜陶器的器皿造型之漆器，数量也不少。例如，云梦发现的双耳长盒，就是仿制铜盔的器皿造型，作椭圆形，有弧形假足，双耳似猪嘴而微秃，更富于变化。

■ 秦代彩绘豕口形漆双长耳盒

漆樽也是仿制青铜樽的，但它的盖顶有3个“S”形铜钮饰，腹外有一铜环形鋬，底下有3个铜蹄足，有的还有铜或银箍加固，整个造型显得精巧，而与浑厚庄重的铜樽风格迥然不同。

秦代漆器的器皿造型，继承了战国时期楚国漆器的实用与美观相结合的基本法则与制作规律，并加饰各种彩绘的优美花纹，但它又有所发展，对于费工费料又不大符合实用的一些器皿造型，如雕刻各种动物形象的漆器及曲形盒等，在种类与数量方面都有较大的减少。

秦代漆器装饰的动物纹样，主要有牛、马、凤、鸟、鹭、鱼、云龙纹、兽纹、凤纹、鸟云纹、变形鸟纹和鸟头纹等。这些纹样，除个别的仍是在雕刻动物形象的漆器上加饰的花纹之外，绝大多数是在器皿上彩绘的。

柿蒂纹 古代寓意纹样，四瓣或五瓣，形象美观、大方、装饰性很强、线条简单明快。从柿花开落后，就留下一个相对大大的蒂，随着果实的生长，蒂一直紧紧护托着果实，直到果实的成熟都难分离。这在自然界是很少有的现象，预示着家族、士族部落、国家等的坚实牢固、人丁兴旺、传承祥瑞。

虽然这个时期的动物纹饰不如战国时期的多，但它们出于当时漆画匠师的妙手，千变万化，繁丽多彩，是当时漆器上最主要的装饰纹样；这类动物纹样往往还辅以几何纹等，使整个漆器图案显得十分和谐优美。

秦汉漆器彩绘漆圆壶

秦代漆器上装饰的植物纹样，多用花卉之花、蕾、瓣和枝叶等变形构成，主要有柿蒂纹、梅花纹、连枝花蕾纹等，这类纹样的数量不多，未见单独作为漆器上的装饰纹样，其中有的是作为漆器上的主要装饰纹样，周边以几何纹等衬托；还有些是烘托其他纹样的。

秦代漆器上装饰的自然景象纹样，主要有波折纹、卷云纹和云气纹等，这类纹样在当时漆器中的数量不少，但都不是作为主要的装饰纹样，只是与其他纹样组成图案，起烘托的作用。

秦代漆器上装饰的几何纹样，主要有圆卷纹、圆圈纹、菱形纹、

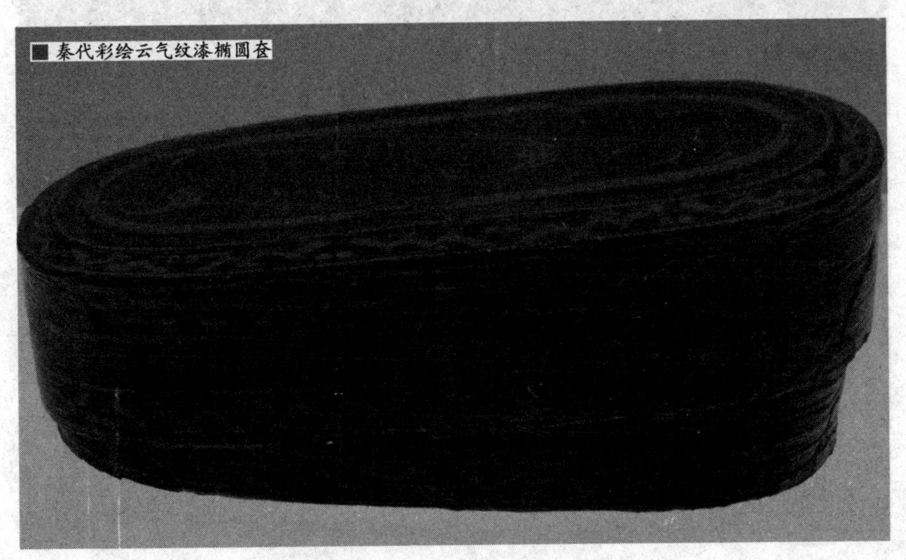
秦代彩绘云气纹漆椭圆奁

角抵 是一种类似现在摔跤、拳斗一类的角力游戏。它们主要是通过力量型的较量，用非常简单的人体相搏的方式来决出胜负。秦代禁止民间私藏兵器，作为徒手相搏斗的角抵便兴盛起来。

三角形纹、方格纹、点纹、点格纹等。有少数漆器上是以它们相互组成几何花纹，作为主要的装饰纹样；大多数漆器上又往往是与其他装饰纹样构成图案，仅作为一种衬托。

秦代漆器描述社会生活和神话传说为内容的纹样极少，只在江陵凤凰山秦墓发现的彩绘木梳、篦的画面上见到。

木梳的正面为饮宴场面，背面是描绘的歌舞场面；木篦的正面是彩绘的送别场面，背面是幅角抵竞赛的画面。画面共3人，右边的两人正在进行比赛，左边一人平伸双手全神贯注地作评判；作者抓住比赛双方全力以赴、相持不下的一瞬间，把竞赛中的气氛渲染得紧张、热烈。

这些纹样，大多体现出线条流动，富于动势和节奏，人物生动传神。通过不同的动态、形象与

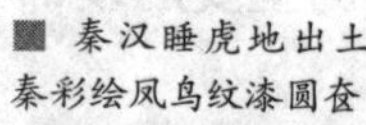

■ 秦汉睡虎地出土秦彩绘凤鸟纹漆圆奁

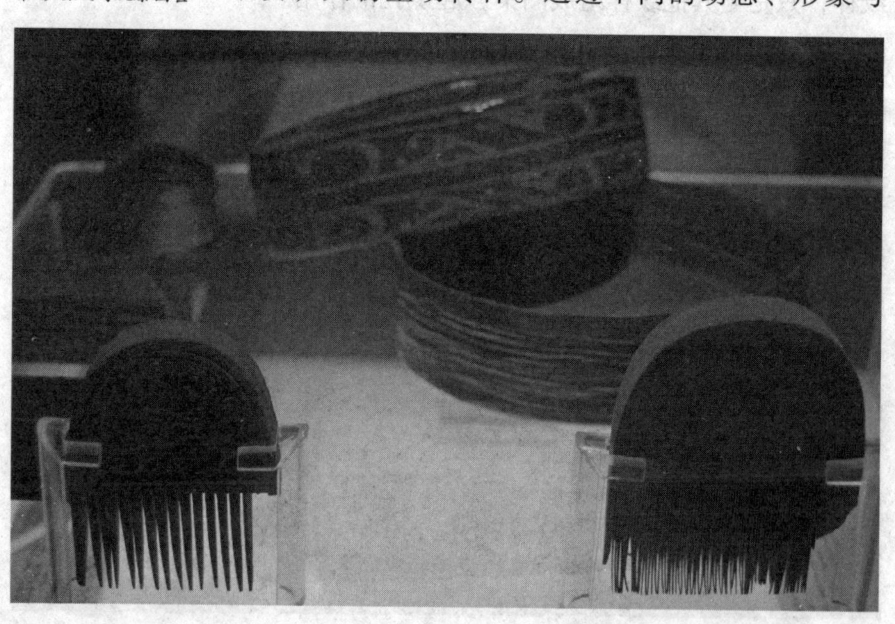

表情，将生活场面表现得淋漓尽致。

秦朝漆圆奁

秦代的漆器纹样，应用写实的装饰手法更为成熟。如睡虎地的牛马纹扁壶，在写实的基础上进行夸张，使牛雄健肥壮的特征，显得更为突出有力。另一面的飞鸟下为奔马，表现了奔马快于飞鸟的意境。

秦代漆器圆盒

而植物纹样中的四瓣花和梅花等，是将花瓣夸张变形，而将枝叶部分剔除，使其特征更加明显。

秦代漆器制作由工师管理生产，在漆器上戳记产地、工匠等烙印铭文，由此形成了秦代漆器的另一个显著特点。

据统计，秦代漆器戳记主要是烙印、刀刻、针刻和漆书。这些文字符号中，有的表明器物是咸阳漆器作坊制作的，如“咸市”“咸亭”等烙印文字，有的是素工、上工、刨工和造工在制作时的戳印，如“素”“包”“上”“告”等烙印文字。

素工，是制胚后造素地之工，即木胎加工平滑无波状仑痕。

髹工，垸漆，即刮灰漆。通常在木胎上漆之前要先髹一层封闭漆以隔绝外面水分进入胎胚，然后多次上漆、磨平，每次入阴房干固，再上一层熟漆后磨平，成为“光底”的半成品。然后，由“上工”再髹“面漆”，要求做到漆面无刷痕。

“造工”，当为总管之工。它们表明当时漆器的生产有很多道工

■ 秦代漆器盘

序，分工已相当复杂了。

秦代漆器官营工坊和私营作坊并存，官营的漆园还规定了严格的律法和管理制度。《礼记·月令》中说：

命工师令百工审五库之量……物勒工名，以考其诚……

秦简 是战国时期的秦国及后来的秦朝遗留下来的简牍总称。我国古代的战国和秦朝时期，其书写主要是利用竹木简，那时还没有现在的纸张。秦简的发现对于研究秦的历史有着无法替代的重要作用，特别是对秦法律的研究，尤其重要。

云梦睡虎地秦墓发现的秦简，也载有秦代管理漆园的法令，秦简《秦律杂抄》上说明：

漆园殿，赀啬夫一甲，令、丞及佐各一盾，徒络组各廿给。漆园三岁比殿，赀啬夫二甲而法，令、丞各一甲。

如果漆园管理不善被评为下等，县令、丞与漆园啬夫并罚，说明秦国对生漆生产的极度重视。

啬夫 我国古代的官职名称，周代时为司空的属官。秦、汉以后，另有专管某项事务的啬夫。《云梦秦简》有仓啬夫、库啬夫、苑啬夫、皂啬夫、厩啬夫、司空啬夫、发弩啬夫等。

秦简《效律》还有专条：

工禀漆它县，到官试多，饮水，水减二百斗，赀工及吏将者各二甲；不盈二百斗以下到百斗，赀各一甲；不盈百斗以下到十斗，赀各一盾；不盈十斗以下及禀漆县中而负者，负之如故。

这些都说明，秦代的官营漆器已实现相当规模的专业化生产，有着严格规范的生产管理体系。

湖北省素有“九省通衢”之称，地处长江中游，土地肥沃，物产丰富，交通便利。楚、秦和西汉时期的墓葬，遍布全省各地。

虽然这里的雨水多，地下水位较高，但这些墓葬多为土坑木椁墓，深埋于地下，棺椁外面又常常填塞密度较大、能起防潮和隔绝空气作用的白膏泥，因而发现的漆器数量之多、保存之完好，在全国实属罕见。

明器 古代专门为随葬而制作的器物。又称冥器。一般用陶瓷木石制作，也有金属或纸制的。除日用器物的仿制品外，还有人物、畜禽的偶像及车船、建筑物、工具、兵器、家具的模型。我国从新石器时期起即随葬明器。

湖北省的几十座小型秦墓，绝大多数都随葬了漆器，少则几件，多达40件，其漆器的品种在20种以上，主要有生活用具、文书工具和丧葬用具等。其中生活用具的品种和数量明显地增多，专供丧葬用的明器剧减。

湖北省秦代漆器的最重要发现，应当是在湖北省云梦睡虎地的秦墓，共发现近700件漆器。器物有圆盒、盂、双耳长盒、长方盒、圆奁、凤形勺、匕、扁壶、卮、樽、耳杯盒、耳杯等。这不仅填补了战国与西汉之间的漆器空白，而且对于研究秦代

■ 秦代漆器桶

漆器工艺具有十分重要的学术价值。

如云梦睡虎地一座墓中发现的秦鸟云纹圆盒，口径21厘米，通高18.5厘米，木胎，挖制，由盖与器身相扣台而成。器内髹红漆，器表髹黑漆，并用红、褐漆彩花纹。

盖顶、盖面、器身下部绘鸟云纹、圆圈纹等纹样，盖与器身的口沿外绘波折纹和点纹。盖面、外底和器身外壁有“告”“亭上”“素”“包”等烙印和针刻文字。

这座墓中还发现秦漆六博，高2厘米，长32厘米，宽29厘米，六博由木棋盘、骨棋子和竹博筹组成。棋盘正面阴刻行子的格道，用红漆绘4个圆点。棋子12颗，其中6颗髹黑漆。博箸6根已残。

其他较重要的发现还有湖北省云梦龙岗与木匠坟、江陵凤凰山秦汉墓地、杨家山秦墓，荆门的白庙山，沙市的周家台，鄂州的鄂城钢厂，河南省泌阳秦墓，陕西省临潼秦始皇陵兵马俑坑，四川省荥经古城坪秦墓、曾家沟秦墓。

如江陵岳山一座墓中发现的秦菱纹铜釦鐏，口径11.2厘米，通高15厘米，木胎，盖顶与底为厚木胎，斫制；盖壁与器壁为薄木胎，卷制。整器圆筒形，由盖与器身套合而成。

直口，直壁，平底，底下有3个铜蹄足。盖顶较平，有3个铜钮

秦代漆器

饰。腹外中部有一铜环形鋬。通体髹黑漆器，器表并用红漆绘菱形纹、卷云纹和圆圈纹等纹样。

秦代兽首凤形勺

光山嘫岗秦墓也发现有秦变形鸟纹奁，盖径16.9厘米，通高5.8厘米，盖与底为厚木胎，斫制。

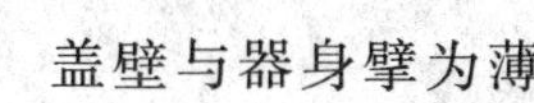

盖壁与器身壁为薄木胎，卷制。整器呈圆筒状，由盖与器身相套合而成。

直口，直壁，平底，盖顶微隆起。器内髹红漆，器表髹黑漆，并用红漆绘花纹。

盖而绘变形鸟纹，卷云纹等纹样，盖外沿绘鸟纹，器身近外底处绘波折纹、圆点纹。

阅读链接

据史书记载，楚自西周初年至战国晚期建国800余年。但是，目前对楚国早期的历史文物尚难确认，漆器资料也缺乏，随州曾侯乙墓并非楚墓，但战国早期曾国已成为楚国的附庸国，它与楚文化也有许多共同特点，属于楚文化范畴，故将其收录。

在我国历史上，秦王朝仅15年就灭亡了。然而公元前278年秦将白起拔郢，并在秦军所占领的湖北大部分地区建立南郡。而且在湖北战国晚期秦墓出土的漆器，与原来楚国的漆器特点迥然不同，应属于秦文化系统的漆器。

精美而繁多的汉代漆器

汉代漆工艺在继承战国和秦代传统的基础上，又向前迈出了一大步。其数量之多、品种之全、工艺之精、生产地域之广，都达到了前所未有的水平，漆器制作规模日趋增大。

汉代漆器豆

据《盐铁论·散不足》中记载："一杯棬用百人之力，一屏风就万人之功"，由此可见当时的规模。

在汉代宫廷中，一些达官显贵和地方豪富大贾的生活中，精美的漆器却在他们之间成了财富和身份的象征，为了满足享受需要，他们不惜以大量人

■ 汉代漆器瓶

力、物力、财力制作漆器。

西汉前期的漆器在安徽、山东有大量生产，而地处偏远的广西也开始大量生产漆器，这都说明当时各地的髹饰工艺正在交流融汇。

西汉时期的漆器已没有战国时的地域风格，各地风格趋于一致，数量增多，尤其到西汉晚期，漆器生产已遍布全国各地，除了赏赐和流通外，最主要的原因是漆器产地的增多，从而使漆工艺的发展达到了空前的繁荣。

到了东汉时期，随着中央集权势力的削弱，官办手工业相应减少，加之瓷器的兴起，漆器制造业出现了衰落的趋势，从考古发掘的情况证明，东汉后期的漆器较前期减少。

汉代的髹漆器物，包括鼎、 壶、钫、樽、盂、卮、杯、盘等饮食器皿，奁、盒等化妆用具，几、案、屏风等家具，种类和品目甚多，但主要是以饮食器皿为主的容器。

另外漆器还增加了大件的物品，如漆鼎、漆壶、漆钫等，并出现了漆礼器，以代替铜器。

西汉墓中随葬漆器颇为盛行，已基本上取代了青铜礼器。汉代墓葬中发现的漆棺、漆碗、漆奁、漆盘、漆

鼎 本来是古代的烹饪之器，用以炖煮和盛放鱼肉。有三足圆鼎，也有四足方鼎。传说夏禹曾收九牧之金铸九鼎于荆山之下，以象征九州，并在上面镌刻魑魅魍魉的图形，让人们警惕，防止被其伤害。从此鼎就从一般的炊器而发展为传国重器。国灭则鼎迁，都把定都或建立王朝称为“定鼎”。

■ 汉代漆器壶

案、漆耳杯等，均为木胎，大部为红里黑外，并在黑漆上绘红色或赭色花纹。

中型墓随葬的漆器，制作精、品种繁、数量多，一般为几十件至100多件，小型墓随葬的漆器，一般只有几件，多的近30件。丧葬用具中未见镇墓兽等专为丧葬制作的明器。

汉代漆器有木胎、夹纻胎、竹胎、金属胎、陶胎、牙骨胎和皮胎等。其中主要为木胎和夹纻胎，其余都很少见。制作方法有刮削、剜凿和卷制3种。

汉代漆器的装饰工艺主要有漆绘、油彩、针刻、金银箔贴和堆漆装饰法5种。

漆绘就是用生漆制成半透明的漆液，加上各种颜料描绘于已经涂漆的器物上。在有花纹的漆器中，漆绘占绝大多数。

一般是在黑漆地上描绘红、赭、灰绿色漆，也用少量在红漆地上描绘黑色漆的，色泽光亮，不易脱落。鼎、盒、钟、钫、盆、盘、案、耳环等漆器上的花纹大多是漆绘。

油彩是用朱砂或石绿等颜料调油，油可能是桐油，绘描于已涂漆的器物上，见于奁，几、屏风等器

钫 又称方壶，作为储酒器具主要流行于战国至秦汉时期，《说文》一书写道："钫方锺也，"锺是储酒器，钫亦为储酒器，钫的最大特征是钫上任何地方的横切面都呈方形。

物。在一些精致的漆器上则系髹黑褐色漆为地，再在漆地上贴金箔，有时加适量银粉，称清金箔，然后油彩描绘。

色有红、黄、白、金、灰绿等色。金色颜料似为黄铜，已部分锈化为孔雀蓝。这种油彩，因其中的油脂年久老化，所以极易脱落。

针刻就是用针尖在已经涂漆的器物上刺刻花纹，称为“锥画”；有的器物在刺刻出来的线缝内填入金彩，产生了类似铜器上金银错的花纹效果。

金银箔贴是用金箔或银箔制成各种图纹，贴在器物的漆面上，呈现了类似“金银平脱”的效果。纹样的特点是细致而流利。

堆漆装饰法如长沙发现的西汉大墓漆棺上的花纹，都是用浓稠的厚颜料堆起，四壁上的涡纹和花纹上的边线，都是用特制的工具将厚颜料挤出作为钩边线和涡纹，高出一层显出浮雕效果，“识纹隐起”系属堆漆技法，这是前所未有的重大发现。

汉代漆器圆奁

在两千年前就创造出这种堆漆的表现技法，说明汉代的漆艺已极为精妙。除此之外，还有金箔片贴花、镶嵌、彩绘结合金银钿和玳瑁装饰等几种较为突出的装饰技法。

汉代漆器盘

在长沙、内蒙古等处都发现有用金箔片贴花制成的各种装饰花纹的汉漆器残片。其中人物类有驾车的、骑马的、骑龟的、负弩的，奏乐的、舞蹈的、表演杂技的及人形怪兽等。动物类有虎、兔、牛、马、猪、羊、飞禽及狮负猴等。

团花纹类有长条形、三角形、圆形等，并在其上可压精细菱格纹及涡卷纹，线条优美，技法精妙。黑地金花，更显华丽。

镶嵌法是用银铜薄片，在钿饰之处刻成四叶蒂形纹，镶嵌在器盖的中心化为装饰，有的还有四叶纹中镶上玻璃珠和金铜帽钉的，并有苍玉镶嵌和彩绘相结合的装饰法，更见华丽，这类高贵的装饰法，为唐代平脱和明代百宝嵌创造了范例。

彩绘与金银钿相结合的装饰法，是在彩绘漆器边缘或器形中配合金银色的钿器，互相衬托对比。如朱盒彩绘，使色彩更加灿烂辉映。

古乐浪发现的漆盒，有利用斑纹美丽质地光滑的玳瑁片作为漆器装饰。从这种善于利用自然界美丽物质来丰富漆器的装饰，可以看出工匠们的聪明智慧。

西汉中期以后，流行在盘、樽、盒、奁等器物的口沿上镶镀金或

汉代圆盒漆器

汉代花纹漆器桶

镀银的铜箍，在杯的双耳上镶镀金的铜壳，这便是所谓“银口黄耳”或“扣器”。有些漆器如樽、奁和盒的盖上常附有镀金的铜饰，有时还镶嵌水晶或玻璃珠。

汉代三角纹彩绘陶壶

战国时期和秦代的木胎漆器上所采用的雕刻方法，至西汉时期已极为罕见，而凡是圆形或圆筒状的漆器，一般采用旋制的新工艺，它不仅提高了生产效率，而且使产品更加规整美观。

西汉时期仿动物形象的器皿造型比秦代更为简洁，仍以凤形勺为例，不仅没有双翅与双足，连尾部也简化了。江陵凤凰山发现的龟盾，只作龟的腹甲状，而不是作整龟之形，但它运用涂漆与不涂漆及用细篾编织等手法，充分表现出龟的腹甲特征。还有双虎头形盾，也只雕出头与前肢，而后肢与尾部也都被省略。

西汉时期，仿铜陶器的器皿造型数量相当多，漆樽和圆盒等的造型，与秦代相同，漆壶、匜等的造型，基本上是仿制铜器的器皿造型，但它们又比同类铜器显得更加轻巧，各种彩绘花纹也比铜器纹饰更为光彩迷离。

当然，也有些同类的漆器，虽然都是仿制于同一种铜器的器皿造型，但它们也并非完全雷同，例如，漆盘既有长方盘与圆盘之分，又有平底盘、圆底盘与矩形足盘之别。

汉代漆器杯

西汉时期漆器的器皿造型，由于较普遍地采用旋制与卷制技术，许多漆器的器皿造型更为规整；而且圆形、椭圆形等容积较大、省工省料较为实用的漆器，更为常见。

这个时期漆器的器皿造型，对实用与美观相结合的制作法则与规律的掌握，已经日趋成熟；在器表用各种色彩描绘优美的花纹，也比战国时期和秦代的漆器更为普遍。

如湖北省江陵凤凰山一座西汉墓发现的一件漆耳杯盒，整个盒的内外均近椭圆形，平底，盖顶隆起，造型别致；盒里空间恰好竖置10件对扣的漆耳杯，比秦代耳杯盒平置耳杯更可充分利用盒里的空间；盒外有繁丽的彩绘花纹。它的构思巧妙，更注重实用，造型也显得美观大方。

汉代漆器的纹样以流云纹、旋涡纹、变形蟠螭纹、菱格纹和飞禽走兽辟邪为主，色彩多为红黑二色相间，或用朱、青，或用朱、金彩绘，强烈大方。

西汉时期漆器上装饰的动物纹样，主要有虎、豹、狸、獐、兔、飞凤、鹤、鸟、鱼、飞豹、奔龙、云兽、怪兽、变形凤纹、鸟云纹、变形鸟纹和鸟头纹等。

这些纹样，除极少数是在雕刻动物形象的漆器上加饰的花纹之外，绝大多数也是在器皿上描绘的，还有少数是针刻纹图案，这个时期的动物纹样，题材广泛。

有不少象征祥瑞的动物纹样，与当时流行的黄老思想和宿命论有一定的关系，而且各种动物纹样的线条勾勒交错，连续索回，变化多样，非常瑰丽。它也是绝大多数漆器的主要装饰纹样，常常以几何纹等加以烘托。

辟邪 我国古代传说中的一种神兽，有翼的狮虎。辟邪之义，是驱走邪秽，祓除不祥。古代织物、军旗、带钩、印纽、钟纽等物，常用辟邪为饰，古代陵墓前常有辟邪石雕。辟邪神兽总称为符拔，一角为“天鹿”，二角为“辟邪”。

西汉时期漆器上装饰的植物纹样，也是以花卉之花、蕾、瓣和枝叶等的变形构成，主要有树、柿蒂纹和蔓草等。这些纹样在当时漆器中所占的数量很少，只有少数是漆器上的主要装饰纹样，大多数是作为衬托神话传说或动物纹样等的辅助装饰纹样。

西汉时期漆器上装饰的自然景象纹样，主要有山峰、云气纹、卷云纹和波折纹等。这些纹样，线条流畅不滞，装饰艺术效果更佳。它在当时的漆器纹样中占有一定的比例，大多数是与其他纹样构成图案，并非是主要的装饰纹样。

西汉漆器中社会生活和神话传说纹样，只在江陵凤凰山的一件龟盾与襄阳擂鼓台发现的一件漆圆奁上见到。龟盾正面的上部绘一神人，其下绘一神兽，是

汉代漆器罐

汉代漆器小瓶

禺疆 传说中的海神、风神和瘟神，也作“禺强”“禺京”，是黄帝之玄孙。海神禺疆统治北海，身体像鱼，但是有人的手足，乘坐双头龙；风神禺疆据说字“玄冥”，是颛顼的大臣，形象为人面鸟身、两耳各悬一条青蛇，脚踏两条青蛇，支配北方。

有关古代传说中的水神禺疆与夏禹的形象。

背面在盾把两侧各绘一人拱手相向而立，似为宾主相见的场面。漆圆奁的盖内与内底均绘有人物、怪兽和树等，显然与历史及神话传说有关，画面均据器皿造型而巧妙设置花纹，装饰艺术水平较高。

西汉时期漆器装饰纹样的组合形式，基本上与秦代相似，对形式原理的运用更加成熟。如江陵凤凰山一座西汉墓的一件大扁壶，正背两面各绘有姿态各异的3只豹，也是运用三足鼎立的构图法，使不对称的三豹组合成平衡式的优美的独立装饰纹样。

■ 汉代三鱼纹耳杯

还有这座墓的三凤鸟纹漆圆盒，盖顶部中心的3只凤鸟，以旋转方式构图，周围又以卷云纹烘托，使三凤犹如在空中盘旋追逐，达到很好的装饰效果。

西汉漆器的人物画多为孝子故事和神仙羽人，这都是当时的题材，有的描绘神仙或飞廉，并配以鸟兽在流云中奔驰之状。线条流动，有如行云驾雾遨游太空。

这类题材与汉代墓室、享堂的画像石、画像砖之类的题材大致相似。它同样是一种神仙升天思想的反映。

夸张变形的装饰手法，

并非按客观事物的原貌进行描绘，而是对其主要的和有意义的部分进行夸张变形，使其特征更加强烈、集中，以加强装饰纹样的艺术效果。

■ 西汉套盒

西汉时期，如江陵凤凰山的一件三鱼纹漆耳杯，内底绘象征水草的四叶纹，三鱼环游于周围，又绘似鱼吐出气泡的圆圈纹和点纹，仿佛三鱼摇头摆尾于水底，构思巧妙，生趣盎然；口沿内外还以变形鸟纹和几何纹样，加以烘托，鱼形具象、逼真。

从西汉中期到东汉，少数漆器的花纹是神仙、孝子及其他以人物为主的故事画。东汉的漆器，花纹比较简素。

汉代漆器制作分工日益细密，生产组织严谨。官营漆器作坊承继秦制，设有专门的官吏管理督造，生产管理制度日臻完善。

据《汉书·贡禹传》记载，仅广汉郡一地，为金银饰漆器生产就设立了三工官，每年费用五千万钱。漆器制作督造严格，分工明确，漆器上还标明出产地名、年号及工匠名。

汉代漆器上的“素”“包”“上”“造”及“饱”“草”等烙印文字，是素工、包工、上工和造工在制作时所烙上的戳印，反映了西汉前期漆器的制

飞廉 亦作蜚廉，是我国神话中的神兽，文献称飞廉是鸟身鹿头或者鸟头鹿身，秦人的先祖之一为飞廉。《古史箴记》中称：飞廉帮助蚩尤一方参加华夏九黎之战。曾联合雨师屏翳击败冰神应龙。后被女魃击败，于涿鹿之战中被擒杀。

■ 西汉鸭形漆器

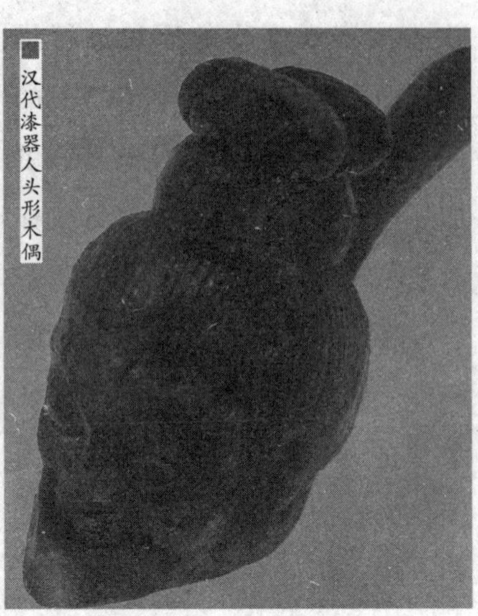

■ 汉代漆器人头形木偶

作也有多道工序与“物勒工名”的产品责任制。

在一些汉代漆器上还发现了“成市”“郑亭”“市府”“中乡”“北市”等烙印文字，这是四川省成都与河南省新郑等地市府生产的漆器产品的标志。

还有许多针刻文字与符号，其中作坊的标志有“宦里大女子”“千金里”“口里口”“门里”等；物勒工名的标志有“章”“东”“朱”“李”“杜”“任”等。

铭文 又称金文、钟鼎文，指铸刻在青铜器物上的文字。与甲骨文同样为我国的一种古老文字，是华夏文明的瑰宝。本指古人在青铜礼器上加铸铭文以记铸造该器的缘由、所纪念或祭祀的人物等，后来就泛指在各类器物上特意留下的记录该器物制作的时间、地点、工匠姓名、作坊名称等的文字。

许多汉代漆器遗存，铭文记载十分详细，如贵州省清镇平坝西汉墓发现的漆器铭文记录了汉代官营漆器工场的分工与督造情况，督造官吏大致有工长、丞长、护工卒史等。

一件漆器需经素工、髹工、上工、铜釦黄涂工、画工、涓工、清工、造工、供工、漆工等工序，从中可以看出汉代漆器工场生产规模之庞大、分工之细、工艺之精、管理之严。

西汉官营漆器业所设置的这种系统而严密的组

织和生产机构，保证了当时的髹饰工艺在战国、秦代的基础上，向纵深持续发展，我国髹漆工艺与漆器保护，促使西汉漆器攀登上了我国古代漆艺文化发展历程中的第一个高峰。

司马 我国古代官名。殷商时期始置，位次三公，与六卿相当，与司徒、司空、司士、司寇并称五官，掌军政和军赋，春秋、战国沿置。汉武帝时置大司马，作为大将军的加号，后亦加于骠骑将军，后汉单独设置，皆开府。隋唐以后为兵部尚书的别称。

对于漆树的栽培管理模式，汉承秦制，生产规模进一步扩大，《金石索》卷五载有“漆园司马”和“常山司马”两颗汉印，说明该司马已是由政府设立的一种专门管理漆园的官职。

在春秋中叶以前，漆器手工业生产主要是一种“工商食官”制度，由官府控制，生产的产品主要是为了满足贵族的需要。到了汉代，私营漆器手工业迅速崛起。

汉代漆器先后在众多地点都有发现，例如，湖北、湖南、河南、广东、广西、贵州、安徽、浙江、山东等省。

湖北省云梦睡虎地大坟头一座汉墓发现随葬漆器81件。器物有圆盒、盂、盘、壶、耳杯盒、耳杯、凤

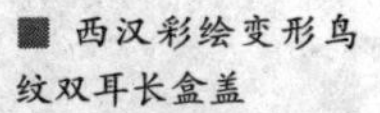
■ 西汉彩绘变形鸟纹双耳长盒盖

形勺、匕、圆奁等。

如睡虎地47号墓彩绘变形鸟纹双耳长盒盖，通长26.5厘米，高6.2厘米，木胎，挖制辅以雕制。两端短把雕出猪头形象的轮廓，器内髹红漆，器表髹黑漆，并用红、褐漆彩绘花纹：两短把与盖面加饰猪头部的眼、眉、鼻等，盖面中部绘变形鸟纹、鸟头纹、圆卷纹，两长边绘波折纹、点纹、圆卷纹。

湖北省江陵县的楚故都纪南城内有九座西汉早期的土坑木椁墓，墓葬中有漆器260余件。器物有漆盾、耳杯、壶、奁、圆盒、盂、卮、盘、案、几等。

湖北省江陵凤凰山汉墓发现漆器200多件。这些漆器造型品种也是多种多样的，主要有漆奁，和大小长方形、正方形、椭圆形、圆形、马蹄形等漆盒，还有耳杯、漆盘以及带有铜环把的漆碗。漆器胎骨大件的是木胎，小漆盒系夹纻胎。

汉代神人纹龟盾

这些漆器的器身都髹黑漆，用朱漆描绘花纹，大部分都较完整，花纹以卷云纹、花草为主。中绘有凤、鹿等动物，构成精美的画面。但纹样较为松散，不像战国时繁缛。从描绘笔法可以看出其继承关系。大长方漆盒盖内均用朱漆书有“程长卿”3字，字体系西汉隶书。

凤凰山一座墓中有一件罕见的彩绘神人纹龟盾，长32厘米，宽20.1厘米，木

■ 汉代漆器石砚盒

胎，斫制。整器作龟腹甲状，背面有盾把手。

龟盾正面上部绘一神人：人首，人身，鸟足，身穿豹斑纹的衣裤，作奔走状，头部前后还各有一蛇形物。其下绘一神兽：鸟首，兽身，3个鸟形足，头上有一角，尾巴回卷，亦作奔走状，前足间绘有云雷纹。

据考证，神人即禺疆；神兽是鲧的神像，即神话传说中鲧于羽山之渊所化的黄龙。背面盾把两侧各绘一人，拱手相向而立，身穿宽袖上衣和长裤，腰束带，足穿翘头鞋，腰间佩长剑。

从此画据人物的服饰来看，似为武官。有人推测是墓主生前的写照，也有人认为是描写的宾主相见的场面。

湖北省沙市肖家草场一座墓中发现一件彩绘木俑，高32.8厘米，木胎，雕制。直立，宽额尖颊，长颈斜肩，双臂曲肘向前，两腿分立，无脚。

面部仅雕出鼻子，并以粉红色为地，墨绘眉目和

鲧 我国先秦时期的历史人物，黄帝的后裔、玄帝颛顼的玄孙，是夏朝开国君主大禹的父亲。被尧封于崇地，为伯爵，故称崇伯鲧或崇伯，崇，指崇山，即嵩山，故崇地当在今河南省登封嵩山附近，这是夏人活动的地区之一，很多历史事件与传说都和这个地区有关。

汉代圆形纹漆器盘

头发，脑后长发挽髻，颈部绘出双层交领，里层为白色，表层为朱色衣裳上压以黑色衣领及边带，下裳呈裙态，束腰上系两道白带。

湖南省长沙汤家岭西汉墓发现有漆器数十件，大部分已腐朽而不能复原，其质地多夹纻胎。这批漆器多镶嵌鎏金铜边或金银箔片，表面装饰繁复。

湖南省汉代漆器比较集中的就是马王堆汉墓，分为1号墓、2号墓、3号墓，墓主人是汉初的长沙丞相利苍与他的妻子、儿子。这3座墓一共发现了700多件漆器，其中1号墓有184件，3号墓有316件，大部分都完好如新，是数量最大、保存最好的一批汉代漆器。

如马王堆1号汉墓的彩绘漆食案，高5厘米，长78.5厘米，宽46.5厘米，斫木胎。

长方形，平底，底部四角有高仅2厘米的矮足，案内髹红、黑漆地各二组，黑漆地上彩绘红色、灰绿色云气纹。内外壁黑漆地上绘红色云气纹。器底髹黑漆，红漆书“轪侯家”3字。

汉墓出土的漆碗

■ 西汉双层九子奁

案上放着5个盛着食物的小漆盘、两个酒卮和一个酒杯。盘上放竹串一件，耳杯上放竹筷一双。漆案上的摆设，反映了汉代的分餐制。

马王堆1号汉墓双层九子奁，高20.8厘米，口径35.2厘米，盖和壁为夹纻胎，底为斫木胎。器分上下两层，连同器盖共3部分。器表髹褐色漆，再在漆上贴金薄，金薄上施金、白、红三色油彩云气纹。

上层放手套3副，丝绵絮巾、组带、“长寿绣”绢镜衣各一件。

下层底板厚5厘米，凿出深3厘米的阳槽9个，槽内放置9个小奁。小奁均为夹纻胎，器表在黑褐漆地上用金、白、红三色油彩绘云龙纹。盒内装有各种化妆和梳妆用品。

特殊的是一套西汉博具，高17厘米，长45.5厘米，宽45.5厘米，这套博具包括博具盒、博局、黑白象牙棋子各6颗，20个直食棋，筭42根及象牙削和割

云气纹 是一种用流畅的圆涡形线条组成的图案，是我国传统的纹样。从商周的“云雷纹”、先秦的“卷云纹”、两汉的“云气纹”和隋唐以来的“朵云纹”“如意纹”，都是当时典型的、定型化的纹饰，在陶器，青铜器，漆器，铜镜到陶瓷，都能看见它活跃的身影。其产生的根本原因是汉魏时代，对自然的崇尚和对神仙的崇拜。

刀各一件，是发现最完整的博具。

博具就是赌博用的玩具，马王堆博具里有个骰子很有意思，有十好几面，形成一个球状。

该博具盒为木胎，正方形，由底和盖合成，里髹红漆，外髹黑漆，锥画飞鸟纹、云气纹，其中又用朱漆勾点纹。博局木胎，正方形，髹黑褐漆，上锥书云气、飞鸟、奔鹿等鸟兽纹，并用象牙条嵌成方框、12个曲道和4个飞鸟图案。

长沙马王堆汉墓里有大量成套的餐具，有漆碗、漆盘，也包括羽觞杯，即耳杯。这些餐具上都写着“君幸食”“君幸酒”的字样，其中写着“君幸酒”的耳杯就占了全部漆器总数的一半以上，可见其使用的范围之大。

长沙市望城坡古坟垸汉墓中也发现有彩绘漆几，长93.4厘米，宽11.8厘米，高7厘米，木胎。几面扁平，下立两小曲蹄足。通体髹黑漆。

几面四缘用朱、灰两色绘鸟头纹，中央先用灰色绘出云气纹，再用朱色勾勒边缘，点缀加重，显得舒展流畅，富有层次。小曲足上也是朱绘线纹。

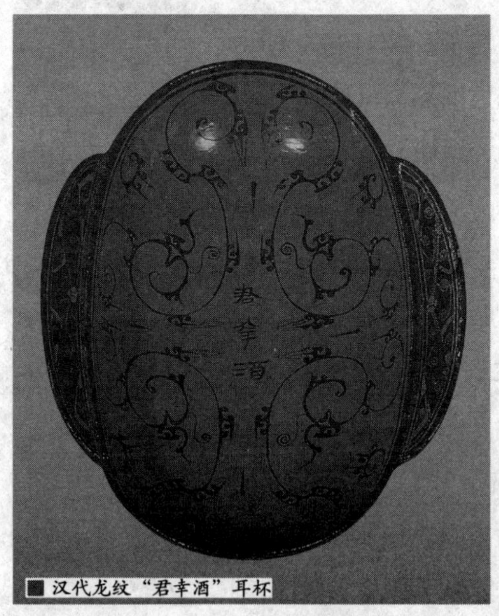

■汉代龙纹“君幸酒”耳杯

另外，江苏省的扬州七里甸汉墓发现有漆器22件；扬州砖瓦厂汉墓有漆器70余件；海州西汉侍其繇墓发现漆器38件；盱眙东阳汉墓中也发现了一批漆器。此外，在贵州、山东、安徽、四川等省发现的汉墓也均发现了漆器。

汉代黑漆盘

如西汉锥画三角形漆壶，壶高14厘米，弧长10.5厘米，边长6.7厘米，锥画几何纹，外壁上下边饰有针刻平行双线纹，内填直线纹。

西汉银扣云气纹漆卮，高14厘米，口径12.2厘米，夹纻胎。盖有银扣和银柿蒂形钮座。器身有三道银扣。近口沿处有一涂金铜扣，底有3个涂金铜蹄形足。器表以黑漆为地，朱漆彩绘几何纹。

阅读链接

西汉漆工艺基本上继承了战国的风格，有新的发展，生产规模更大，产地分布更广。出现了大型器物，如直径超过70厘米的盘，高度接近60厘米的钟等。

同时能巧妙地把若干小件组装成一器，如盒内装6具顺叠、1具反扣的耳杯，薄胎单层或双层的漆奁，内装5具、7具或更多不同大小及形状的小盒等。

新兴的技法有针划填金的，用稠厚物质堆写成花纹的堆漆等。尤其是器顶镶金属花叶，以玛瑙或琉璃珠作钮，器口器身镶金、银扣及箍，其间用金或银箔嵌贴镂刻的人物、神怪、鸟兽形象，并以彩绘的云气，山石等作衬托，更是前所未有。西汉漆器多刻铭文，详列官员及工匠名。

风格独特珍贵的魏晋漆器

魏晋南北朝期间，漆器比起前代显得十分稀少，这与葬俗的改变有一定的关系；还有一个主要的原因就是瓷器的高速发展抑制了漆器的发展；而且漆器制作的工艺复杂，属于当时的名贵商品，成本过高，也抑制了漆器的发展。

三国时期素面漆碗勺

西汉的《盐铁论》里说“一杯用百人之力”，做一个漆杯子，要用百人之力，成本太大，所以漆器一直是贵族使用的一种贵重商品。

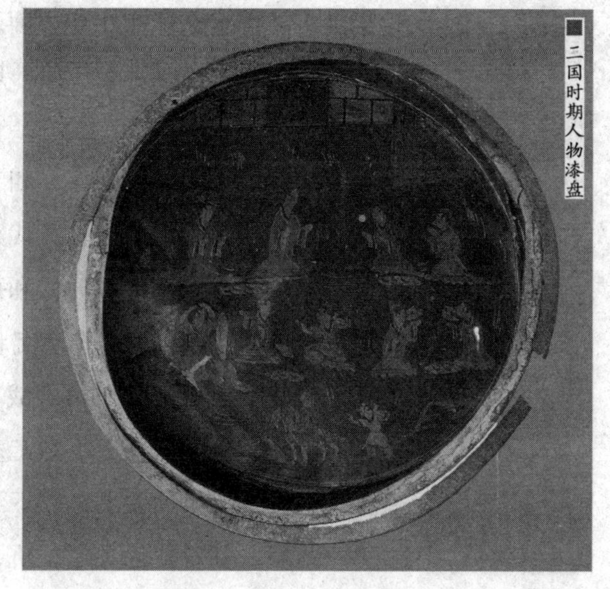
三国时期人物漆盘

三国时期的文献中，有关漆器的记载很多，内容描述了漆器的种类和髹饰品种。曹操的《上杂物疏》中记载有“纯银参带漆书案”“银镂漆画”“漆画重几”“油漆画严器”等漆器。

三国时期漆器开始向多样化和实用化方向发展，此时漆器的镶嵌和彩绘技术更加成熟了，并成为这一时期的装饰特点。

三国时期漆器以东吴最有代表性。东吴漆器除木质胎骨外，还有皮胎和篾胎。装饰工艺有描漆、锥刻、犀皮漆等，个别器物还采用了雕刻和绘画相结合的方法。画面用色有朱红、红、黑红、金、褐和浅灰、深灰、黑等，油彩彩绘的技术娴熟。漆绘内容丰富多彩，已不是单纯纹样，更加注重现实生活。

从孙吴时期漆器来看，三国时期漆器基本上沿袭汉代以来漆器工艺传统形式，在日臻成熟中又有所演变，推出了新的作品。

当时器物的镶嵌依然流行柿蒂形图案或嵌水晶珠等装饰、彩绘漆器上的图案，还可见到凤鸟纹、变体云纹、缠枝纹、双菱纹等，然而彩绘的内容以及风格上又出现富有意趣的作品。

安徽省马鞍山朱然墓发现的漆器，最能代表三国时期漆器的发展

百戏 古代乐舞杂技表演的总称。秦汉时已有，汉代称“角抵戏”。南北朝后称“散乐”。包括吞刀、吐火等各种杂技幻术，装扮人物的乐舞。唐和北宋时百戏十分流行。北宋汴梁每逢节日，举行歌舞百戏盛会。元代以后，百戏节目有所发展，内容更加丰富多彩。后百戏这个词逐渐少用。

水平。这批漆器在制作和装饰方面都具有很高的艺术价值，为研究东汉末至三国时期的漆器提供了难得的实物资料。

朱然出生在东汉末年，和吴帝孙权同岁，朱家在江东属于四大豪门之一，几代人和孙氏政权保持着非常密切的关系。朱然小时候和孙权是好朋友，长大以后，他成为了东吴的一个著名将领。

朱然一生中建立了很多战功，公元219年，吕蒙偷袭荆州，朱然就在关羽败走麦城的时候，和潘璋拦截关羽，结果生擒关羽，立下了大功。

此后，刘备要为关羽报仇，起兵讨伐东吴，吴蜀打了一场很有名的吴蜀夷陵之战。在这个战役中，朱然协同陆逊，攻前断后，立下了很大的功劳。后来，朱然65岁时被孙权拜为左大司马、右军师，特别是到了丞相陆逊死后，他成为东吴地位最高的一位元老。

朱然墓中的漆器有的是朱然生前用过的，有的是别人送给他的礼物，都是三国时期的经典之作，也是研究三国时期漆器制造业和绘画艺术的宝贵资料。

■ 精美的漆豆

朱然墓中最大也是最重要的一件漆器，就是彩绘宫闱宴乐图漆案。它长82厘米，宽56.6厘米，案面中间装

■ 朱然墓宫闱宴乐图漆案

饰着大幅的人物画，当中有皇帝、后妃、宫女、侍郎、官吏和贵妇等，共有55个人物，生动地描绘了汉魏时期贵族生活的庞大场面。在贵族们宴饮的时候，一群艺人正在表演“百戏”，这件漆器上面画着伎人们把车轮拿在手里进行掷弄。

朱然墓彩绘贵族生活图漆盘，直径24.8厘米，高3.5厘米，木胎，平沿直口，浅腹平底，沿与底部各有一道鎏金铜扣，盘内壁及底髹红漆，外壁及底髹黑红漆。画面分3列，上列为宴宾图；下列为出游图；中列右侧为驯鹰图，中间为对弈图，其左侧为梳妆图，有一女子跽坐在镜架前梳理长发，旁置一漆奁，盖已揭开。

这一梳妆图的构图、梳妆用的镜架、漆奁的器形，恰与“女史箴图”分段画面中“人咸知修其容莫

《女史箴图》

“女史”是女官名，后来成为对知识妇女的尊称；“箴”是规劝、劝诫的意思。西晋惠帝司马衷不务正业，国家大权为其皇后贾氏独揽，朝中大臣张华便收集了历史上各代先贤圣女的事迹写成了9段《女史箴》，以为劝诫和警示，后来顾恺之就根据文章的内容分段为画，故称《女史箴图》。

麒麟 亦作“骐麟”，简称“麟”，是我国古籍中记载的一种动物，与凤、龟、龙共称为“四灵”，是神的坐骑，古人把麒麟当作仁兽、瑞兽。雄性称麒，雌性称麟，后常用来比喻杰出的人。麒麟文化是我国的传统民俗文化。

之饰其性”十分相似。

盘中绘图出于漆工之作，人物衣着线条比较简括，当然比不上女史箴画卷上人物线条之飘逸及笔法工整细致，却也可以发现三国时期的绘画对两晋时期所产生的影响。

墓中有一对犀皮铜扣胎漆黄口羽觞，每件长9.6厘米，高2.4厘米。从正面看，它是黑颜色的，从背面看，有不同的颜色，这种云涡纹状的图案，似行云流水之状，非常漂亮。

它是用髹漆工艺来制作的，表明了在东吴时期，这种髹漆工艺已相当成熟了，它现在比我国文献记载要提早了600年。

还有3件长舌形的漆匕，黑红漆地上用红、金二色绘出装饰图案，经考证是古人分餐的用具。

非常值得称道的再如“季札挂剑图”漆盘，盘径24.8厘米，背面髹黑红漆，并书有“蜀郡造作牢”5字铭，其腹部的边缘还绘有莲蓬、鳜鱼、童子戏鱼等图案，尤其是白鹭吸鱼和童子戏鱼激起的道道水波，显得十分有情趣。

■ 季札挂剑图漆盘

该漆盘正中画出了一段春秋时期“季札挂剑徐君冢树”的故事。

故事讲的是吴公子季札出使鲁晋时，在途中结识了徐国君王，并答应回来把剑赠给他。几年后，季札回到了徐国，徐君已故，他就把剑挂在徐君墓前的树上。

朱然墓漆槅

树前三人中，穿红袍者为季札，背后山中的两人就是季札和徐君。画面的最外边的盘沿，则装饰了一圈狩猎图，图上的猎人手拿着器械在追捕着野兽，动态十分夸张。

墓中还有一件被称作“槅”的漆器，长25.4厘米，宽16.3厘米，高4.8厘米。这是一种在方形木胎上用竹条隔成左右对称的盘子，盘内有7个格子，可以盛放不同的食物或者物品。漆槅中7个格子的上面分别画着7种灵物，它们是天鹿、凤鸟、神鱼、麒麟、飞廉、双鱼、白虎，所以为其命名为“彩绘鸟兽鱼纹漆槅”。

这种装饰方法在漆器中并不多见，堪称一种十分典型的“瑞应图”。其中天鹿的身子是鹿形，却长着翅膀。天鹿又称“天禄”，与辟邪是一对神兽。

神鱼长着两只翅膀，鸟的脚，显得十分奇特。飞廉是一种长着一个鸟的头、兽的身体的风神。而双鱼也是一种神鱼，是吉祥的象征。

朱然墓漆器中多盘，而槅仅此一件，彩绘鸟兽鱼纹漆槅也是三国时期具有时期特征的一种新器形，始于三国而流行于两晋、南北朝，而南北朝时期墓葬中的槅，质地多为青瓷。

与这些漆器同时发现的还有锥刻戗金漆盒盖，长22.5厘米，高11.5厘米。平面正方形，外髹黑红漆，内髹赭红漆，上面装饰的图案也是龙、虎、鸟、天鹿等瑞应图，线条简练流畅。也是一件难得的精品。

“戗金”是用真金粉填入锥划或针划的线条里面，不仅可以使画上的人物或动物“细如毫发”，而且金粉的光泽可以经久不变，灿烂辉煌。

图案中由于布满了繁密的云纹，就像细碎的水波，由于用的是“戗金”的工艺，所以那些金线条就像在阳光下的道道波光，神兽和人物都如同在水面上游荡一样。

工艺制作多彩绘，还有素漆。在漆器装饰方面，大量出现了以人物故事为题材的画，不仅人物刻画生动传神，而且采用了我国传统水墨画的没骨写意画法，构图巧妙，用色讲究。

同时，三国漆画把过去一器多画改为一器单画的做法，极大地保持了绘画题材的完整性。新出现的漆工艺品种有犀皮、戗金。

东吴漆器主要发现于湖北省鄂城东吴墓，当地曾在4座东吴墓葬中发现漆器20多件。

这批漆器的器形有耳杯、碗、果盒、盒、屐、方盒、案、俑等，说明了三国漆器品种的变化。其中除了木胎和竹胎外，还有两件属于布胎漆器。

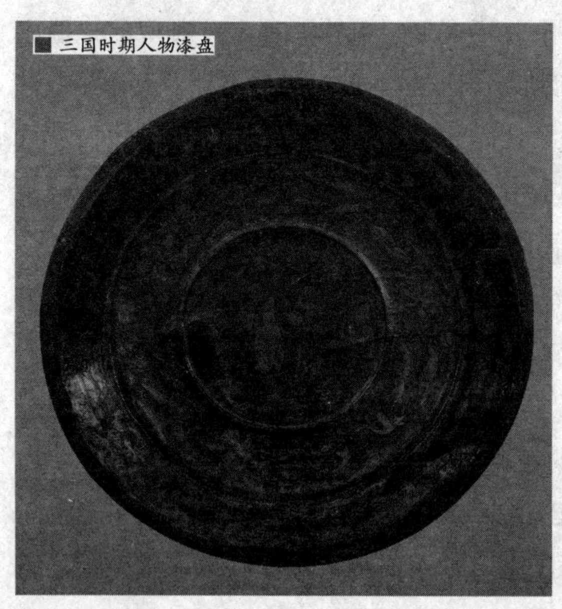
三国时期人物漆盘

如镶铜扣漆奁，口径25厘米，通高15.5厘米，竹胎、圈制、盖呈盝顶状，顶心饰四叶柿蒂纹铜片，柿蒂中心和柿叶上嵌水晶，柿叶髹黑漆。

顶部两道铜扣，铜扣之间均髹黑漆，口沿和转角处均用铜片

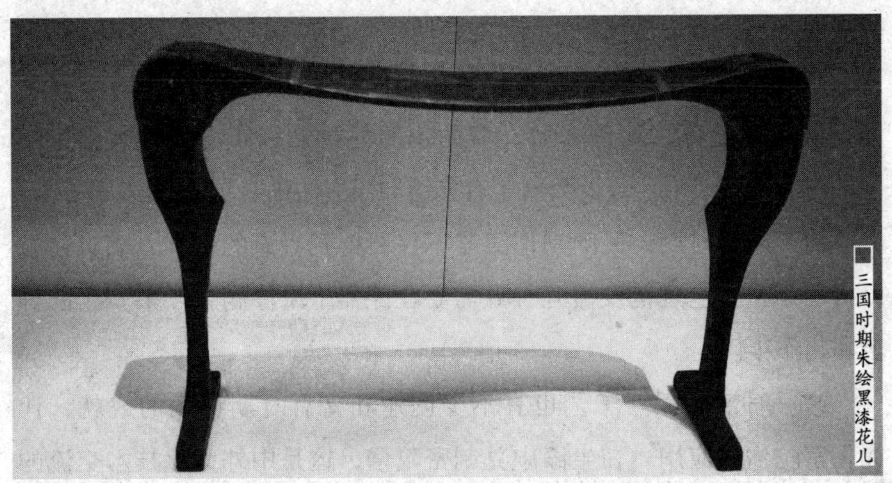

三国时期朱绘黑漆花几

包镶。上层为一浅隔盘，直壁，浅腹、平底，铜扣斜沿。器内均髹黑漆。

此外安徽马鞍山市三国吴朱然墓发现的黑漆凭几，弦长69.5厘米，宽12.9厘米，高26厘米，木胎，扁平圆弧形几面，下有3个蹄形足，通体髹黑漆，色泽光亮。

漆凭几也是三国时期漆器中的一种新品，大概始于三国后流行于晋至南北朝。但是在六朝墓中常见的凭几是陶质，漆制者仅见于此。

安徽省南陵麻桥东吴墓，墓中发现的漆器以果盒、碗、奁、小圆盒、梳篦盒、纺锭、线板为主要品种，装饰上多用镶嵌技术。

如彩绘童子对棍图漆盘，木胎，敞口，浅腹。盘内壁有凸弦纹两周，将盘内彩绘分隔为3圈，外圈黑漆地上绘云龙纹；内圈红漆地上绘有游鱼、水莲及水波纹等；中心主体图案，黑漆为地，绘两童子在山前空地上对棍相舞。盘背面髹黑漆，外周绘云龙纹。中央漆书“蜀郡作牢”4字。

该盘漆画构图丰满而生动，尤其是人物的刻画极为传神。作者抓住儿童头部较大，四肢丰腴的特征，描绘出两个稚气十足的童子。其风格与其他漆画中长裙曳地、姿态庄重的贵族妇女迥异，是一件极为难得的艺术珍品。

江西省南昌市东吴墓也发现漆器15件。其器形有槅、耳杯、盘、钵、碗、奁盒等，均为木胎，有的木胎外再贴麻布。器外表多为黑色，内为暗红或朱色，少数器表有彩绘和镶嵌装饰。

到了东晋时期，民间制作漆器不仅要得到官府的批准，而且还有严格的制作工艺规范及流程，并需要在漆器上朱漆题款，书写工匠姓名和制作年代。

这一时期，髹漆工艺也有不少创建和富有时期特征的成就，比如，密陀僧的应用。在生漆中兑制密陀僧，这是中外文化技术交流的密切结合。

密陀僧即黄丹，源于波斯，常用作黄色颜料，随着丝绸之路进入我国，密陀僧制漆技术的出现，不但丰富了漆器色彩，也提高了油漆的干燥性能，为后世夹纻造像和雕漆工艺的盛行开辟了道路。

夹纻髹漆工艺始于战国后期，在两汉时用于制作夹纻漆器，干漆夹纻造像正是在继承战国以来干漆夹纻漆器的基础上发展起来的，兴起于魏晋南北朝，当时已能造“夹纻丈八佛僧”，高及层楼。这种佛像，比铜佛轻便，比泥佛坚固，便于装在车上游行，称之为“行像”。

东晋漆器瑞兽云气纹攒盒

夹纻造像技术的兴起与佛教兴盛的历史背景有关，晋法显《佛法记》中就称于阗有夹纻造像。晋代著名艺术家戴逵、戴颐父子就是以善造夹纻佛像载名史册的。

夹纻造像技术是漆

器制造结构上的大突破，由于一件模具可制作若干件，外形多变，解决了佛像设计规范化的难题。

东晋漆器耳杯

在东晋时期，在汉代灰绿漆的基础上研制成功了绿沉漆。

这种暗绿色的漆，静穆深沉，犹如沉入水中而得名，《书经》中记载王羲之得到友人赠送的髹绿沉漆竹管的毛笔，十分喜爱，竟认为比得到金宝雕琢的笔还要名贵；南朝刘宋时期，广州刺史韦郎作“作绿沉银泥漆屏风二十三床”，却因此招致许多大臣的指责。由此可见绿沉漆在上层社会中的特殊身价。

东晋时期还发明了斑纹漆工艺，斑纹漆是用数重色漆交混而产生斑纹的漆器，或用一单色漆在涂层中显露出深浅不同的斑纹。斑纹漆的出现是髹漆工艺史上的一大突破，它充分表现了漆的融合性和流变性，并由此繁衍出了千变万化的彰髹艺术。

另外，东晋素髹漆器兴起，说明漆艺装饰开始走向理性，符合时期风范。东晋时，漆木家具开始广泛流行，漆器工艺中的各种技巧都用来装饰家具。南朝梁简文帝写的一篇《书案铭》，称赞一张书案的做工：“刻香镂采，纤银卷足，漆花曜紫，画制舒绿……”

可见这张书案已经融合运用了七宝镶嵌、金银镶嵌、绿沉漆髹饰等多种工艺，显示了漆艺精巧奇绝的装饰特色。

两晋时期，瓷器开始在日常生活中占据主导地位。漆器的产量虽然很少，却也在南北不同地区都有所发现。其主要有广东省广州西北

北魏彩绘棺棺盖

郊、江苏省南京东晋墓，江苏省江宁六朝早期墓、辽宁省朝阳、新疆地区以及江西省南昌等。

江西省南昌市晋墓发现有西晋朱漆“吴氏槅”，长26厘米，宽18.3厘米，高5厘米，薄木胎，槅档微残，口沿处有盖槽，平面呈长方形。

内分7个方格：四角有4个对称小方格；中央分3个方格，有一大格，另两格大小相同。槅底、槅底足四角及口沿处施黑漆，槅内及四侧中部施朱红漆。有足，其底足四边各挖有3个弧凹。槅底中央有“吴氏槅”3字。

南昌的6座东晋墓葬中，发现了漆器26件，这批漆器的类型有奁盒、平盘、耳杯、攒盒、凭几、箸、匕等。尤其精美的是彩绘宴乐图漆平盘、彩绘巡游图漆奁，双耳漆托盘、扇形漆攒盒则是晋代新流行的漆器品种。

东晋彩绘宴乐图漆盘口径25.5厘米，高3.6厘米，木胎，平沿、浅腹、大平底，口沿，外壁及底髹黑漆，并饰以朱红弦纹、圆点纹。内壁朱红地，并饰两道黄色连珠纹及圆点纹；内底在朱红地上以红、黄、黑、灰绿等色彩绘画人物、车马、瑞兽及钩线纹等。

漆盘图案以中间两组人物为中心，其中一组为一红衣长髯老者作迎接状，其后为一头系冠冕、身着华丽服饰、手摇羽扇的贵妇在侍女簇拥下出迎贵客，一侍女在前引路，一侍女手撑华盖，一侍女跟从。另一组为绿衣老者琴瑟歌乐，神态怡然，其左侧红衣老者手捧托盘，旁边侍女侧立。

在图案的上方，还有一少年公子驾着车马带领一名侍从出巡游乐，图案下方为4名手捧托盘相对而立的侍从及一孩童。图案的周边及中间还饰有垂幢、鹿、龟、瑞鸟、钟鼎等。

整个图案绘有人物20人。描绘手法采用黑色勾线铁线描，再平涂渲染，设色浓淡有致，人物面部较圆满，表情生动自然，刻画栩栩如生，表现了宴饮歌乐一幅太平景象。

南昌东晋纪年墓发现的彩绘出巡图奁，直径25厘米，高13厘米，圆形、直壁，内壁髹红漆，外壁上下髹朱红漆。上部呈帷幔状，下部缀朱红连珠纹一周，中部黑漆地，车马人物以红、赭、金三色勾勒，点染，人物形态各异，体态丰腴。层次丰富，立体感强。画面分3组，每组车马人物的绘制风格基本相同，绘有二车二马17人。

这件漆奁上的彩画，其作风和表现手法比东汉末

王羲之 （303年—361年，一作321年—379年），字逸少，号澹斋，琅琊临沂人。东晋书法家。少从姨妈卫夫人学书法，后草书学张芝，正书学钟繇，博采众长，精研体势，一变汉魏以来波挑用笔，独创圆转流利之风格，隶、草、正、行各体皆精，被奉为“书圣”。其中，《兰亭集序》为历代书法飞家所敬仰，被誉作“天下第一行书”。

■ 东晋漆器托盘

帝舜 我国历史中的著名人物，是中华五帝之一。名重华，姚姓，为四方部落联盟首领，以受尧的“禅让”而称帝于天下，其国号为“有虞”，故号为“有虞氏帝舜”。帝舜、大舜、虞帝舜、舜帝皆虞舜之帝王号，后世以舜简称之。

“彩箧绘孝子故事画”更富有变化，笔法更趋流畅。虽然此漆画出之漆工之手，而却颇具西晋以来画风。

晋时与漆器相关的最著名的一个故事是“曲水流觞”，王羲之的《兰亭集序》里清晰地记录了当时的盛况：

> 永和九年，岁在癸丑，暮春之初，会于会稽山阴之兰亭，修禊事也。群贤毕至，少长咸集。此地有崇山峻岭，茂林修竹，又有清流激湍，映带左右，引以为流觞曲水，列坐其次。虽无丝竹管弦之盛，一觞一咏，亦足以畅叙幽情。

文中说的是一个古代习俗，每年农历三月初三，大家都要聚集在水边，举行仪式，祈求吉祥，叫作“修禊”。永和九年，即354年三月初三，王羲之和当时的多位名士就在兰亭这个地方参加修禊。大家列

■ 北魏卷云纹漆罐

坐在水边，把羽觞放入水里，沿着弯曲的水道任其漂流，流经谁那儿停住，谁就要作诗，做不出来就罚酒。这就是“曲水流觞”的典故。

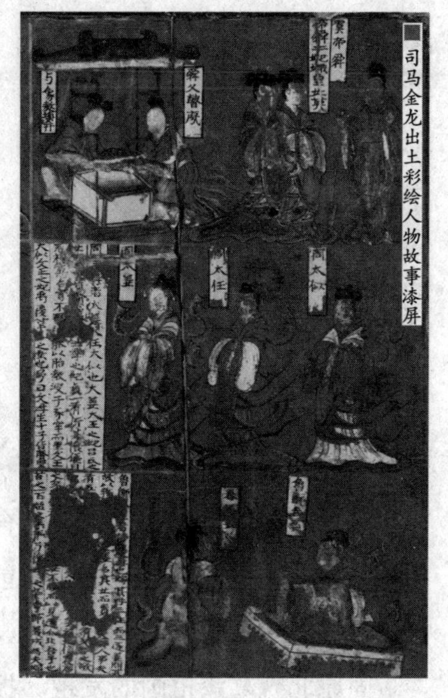
司马金龙出土彩绘人物故事漆屏

到了南北朝时期，漆器的风格以北魏最为典型，其中最主要的发现，当属山西省大同北魏司马金龙夫妇合葬墓中发现的漆屏风和宁夏地区固原北魏墓中发现的漆棺板。

司马金龙墓发现的彩绘人物故事漆屏风，较完整的有5块，每块长约 80厘米，宽约 20厘米，厚约2.5厘米。漆屏风用木板制成，遍涂朱漆然后作画，有黄色墨书榜题。

屏风两面原皆有画，入葬时朝下的一面腐蚀严重，原貌难以辨别，向上一面保存较完好，色彩鲜艳，另一面剥落严重，色彩暗淡。

第一、二块屏风画用栏界分为4层。第一层6个人物，为帝舜恪守孝道的故事；第二层3个人物为周太王妃太姜、周武王母大姐、周文王母太任的立像；第三层是两个人物，为鲁师春姜及春姜女像；第四层有6个人物，为班婕妤辞成帝同乘辇故事。

以上故事多出自西汉刘向所著《列女传》，帝舜事迹见《史记·五帝本纪》。所画内容与汉代以历史人物故事喻世教民的传统相承袭。

其绘画风格颇近似传为顾恺之的《女史箴图》，用笔连绵不断，大有“春蚕吐丝”之风韵，显得悠缓自如，其色渲染合宜，人物也悟对通神，表现得惟妙惟肖，尤其是画中女子的身姿动态的描绘， 既能

彩绘凤形漆勺

体现其身份特征又各富个性，面相则已见南朝“秀骨清相”之端倪。

因为此漆画以红漆为底色，所画人物用黑线作铁线描，脸、手涂铅白，服饰器具用黄、白、青绿、橙红、灰蓝等覆盖力强的色彩来绘制，所以显得富丽精致，而以漆或油彩作画比在纸、帛上作画更为不易，体现了漆画艺术的深沉魅力。

宁夏地区固原北魏墓为夫妻合葬墓，随葬品多集中在墓主身旁，男棺绘制有精美的漆画，棺盖、前档及左右侧板上绘有天河图、墓主人身前饮宴图、孝子故事画。

固原北魏墓漆棺画的发现，提供了具有代表性的北朝绘画史料。这些漆画反映了少数民族生活习俗和绘画技巧，其中由单幅画面构成的连续性孝子故事图，已构成了后世连环画的雏形。

阅读链接

司马金龙墓发现的彩绘人物故事漆屏风不但在当时属于上品，在现存北朝文物中也是难得的精品。

与屏风同出的还有4个石雕屏趺，当初是插立屏风用的，每件边长约32厘米，高6.5厘米。屏趺雕刻极精，但内容与屏风画没有联系，均与佛教有关，说明当时北魏佛教十分兴盛。

《北齐书·祖传》中记载：“善为胡桃油以涂画。”祖善于用核桃油调制颜色来画画。山西的吕梁山、太行山地区都盛产核桃，所以这种说法顺理成章。

隋唐五代漆器

唐朝时期，漆器达到了空前水平，有用稠漆堆塑成形的凸起花纹的堆漆；有用贝壳裁切成物象，上施线雕，在漆面上镶嵌成纹的螺钿器；有用金、银花片镶嵌而成的金银平脱器。

工艺超越前代，镂刻錾凿，精妙绝伦，与漆工艺相结合，成为代表唐代风格的工艺品，夹纻造像是南北朝以来脱胎技法的继承和发展。剔红漆器在唐代也已经出现。

五代十国时期在漆器生产方面，数量略有减少，但质量有了进一步的提高。

装饰富丽堂皇的唐代漆器

中原地区在经历了长达数百年的分裂割据之后，终于再一次迎来了辉煌岁月。隋文帝杨坚入主中原，扫平割据政权，一统华夏，建立了隋朝。

短暂的隋朝结束之后，代之而起的唐王朝历经贞观之治、贞观遗风、开元盛世和元和中兴，从而缔造了我国封建史上最辉煌的时期。

唐代漆器木椅

但作为一门具有几千年传统的工艺门类，唐朝的漆器仍保留着相当的生产规模。据《唐书·食货志》《唐书·地理志》等史书记载，唐代在漆器的使用、贡赋、税收等方面作了许多规定。

■唐代漆器木桌

如规定漆与竹、木、茶一样是课以同等税率的商品，襄州、澧州等地均以漆器作为主要贡品。

《安禄山事迹》等书上记载，唐玄宗与杨贵妃赐给安禄山的器物中就有许多精美的漆器，安禄山进献的贡品中也有众多漆器。

唐朝时期，漆器的品种不断丰富和精致，有生活日用品，如碗、盘、盒、盂、钵、盏、勺、册匣、镜、瓶、宝盝、镜盒、琴等，也有工艺品。其器形变化多端，圆形器物口沿喜用多曲形，方形器物喜用委角形。

如湖北省监利发现了一批唐代漆器，有五曲梅瓣形圈足碗、五曲瓣形圈足碗、五曲梅瓣形盘、委角亚字形漆盒等。

唐代漆器胎质除有木胎、皮胎、夹纻胎外，出现了木条圈卷工艺。其胎质制法与传统方法均不相同，

杨坚（541年～604年），隋朝开国皇帝，谥号"文皇帝"，庙号高祖，尊号"圣人可汗"。他统一天下，建立隋朝，社会各方面都获得发展，形成了辉煌的"开皇之治"，使我国成为盛世之国。隋文帝时期也是人类历史上农耕文明的巅峰时期。

涂漆的五曲梅瓣形盘

具体做法是采用很窄的薄杉木条，一圈圈卷制成器形，匀裱麻布，然后髹漆，胎质既轻、薄，又坚牢耐用，还易脱水保存。

监利发现的这批唐代漆器除漆勺用整木雕成外，其余均用木条圈卷工艺制成。这批唐代漆器的发现，把我国古代漆器木条圈卷工艺出现时期提前到了唐代，为研究我国漆器工艺史提供了重要的实物资料。

唐代漆器装饰工艺富丽堂皇，各种新工艺技法相继问世，金银平脱、雕漆和螺钿镶嵌工艺相当发达，出现了金银平脱和螺钿等费料、价格昂贵的漆器，使这个时期漆器的装饰华丽精美，具有鲜明的时期特点。

重视镶嵌装饰是唐代漆器的主要特点，特别是在金银平脱和嵌螺钿方面比汉代有了更大的发展和提高。唐代的金银平脱技艺雕刻更精，錾凿更细。

金银平脱漆器在唐代是皇家御用和馈赠的高档礼品，唐代的金银平脱器的制作已经有了明确的分工，即平脱花片由金工镂刻，然后再由漆工镶嵌在漆器上。

唐代金银平脱漆器大多制作于唐代中期，制作中心是长安的官属作坊，四川、洛阳、扬州等地也有制作。

盛唐时期，金银平脱制品在上层中极为盛行，这充分反映了唐代在经济上处于鼎盛时期，达官显贵们对物品富丽华美的追求与嗜好。

如陕西省西安唐墓的“银平脱宝相花镜”，河南省郑州的“金银平脱羽人花鸟镜”，甘肃省武威唐墓的“金银平脱宝相花漆碗”，“金银平脱漆马鞍”等，制作十分精巧，都是唐代漆器工艺中的珍品。

嵌螺钿技艺广泛流行于唐代中期，它是纯用贝壳，或是与玳瑁、琥珀、松石等并用，在漆器上产生浅浮雕式的装饰效果。

如洛阳唐墓发现的“花鸟人物螺钿镜”，图案为一棵造型优美的花树下，一老者在树的一边弹琴，另一老者在树的另一边持杯倾听，身后立一侍童。镜纽下半部几块山石，石面刻鸳鸯，小鸟在石上栖息，仙鹤在漫步闲游。图中人物衣纹、鸟雀羽毛、花草叶脉，均用细线雕刻，甚是精巧美妙。

唐代佛教文化昌盛，漆器中的夹纻工艺也用在了制作佛像上，因此出现了漆夹纻胎佛像等大型的漆器。由于这种造像轻便，容易载行，不怕日晒雨淋，很受佛教徒的推崇。

夹纻是漆器的一种制作方法。早在两汉时期就已经流行。魏晋南北朝时，佛教盛行，便开始用夹纻漆器的制作方法塑造佛像。用这种方法塑造的佛像由于比铜像轻便，比泥佛坚固，而且柔和逼真，一时间广为流行。

其制作方法是先用泥塑成佛胎，然后用漆把麻布贴在泥胎外面，待漆干后，再反复涂漆多次，最后把泥胎取出，因此又有“脱空

唐代银平脱鸟首壶

像”之称。

日本唐招提寺干漆夹纻鉴真像

夹纻像发展到唐代仍很流行。《唐书·武后本纪》记载：“垂拱四年作明堂，命怀义作大夹纻像。”《太平广记》引王仁裕《玉堂闲话》：“曾游洪州信果观，见三宫殿内功德塑像，是玄宗时夹纻，制作甚妙。”

唐代制作夹纻造像具有很高的水平，比较有名的是一件高达99厘米的夹纻佛像。据传唐代的夹纻造像大者“盘如千斛船，小指中容数十人并坐。唐代中日两国僧人合作制成的“毗卢遮那本尊像”和“鉴真和尚像”，都是罕见的精品。除了佛像，唐代还将夹纻制漆法用于建筑用瓦。

在唐代漆器中，素色漆仍是主流，有黑、朱、金、绿沉漆等，文献记载还有一种“退红漆”。

唐代以前的漆雕工艺，都是先在漆胎上雕刻一定的图案，然后再上漆。唐代对这一工艺进行了重大革新，创造了雕漆工艺品。

唐代的雕漆是先在漆胎上涂数十层或上百层漆，然后进行阴干，待漆层稍干后，再于其上雕刻出山水花鸟、人物楼阁等各种装饰图纹。

雕漆的种类很多，漆胎上纯用朱漆然后进行雕刻的品种称“剔红”；用黄漆的称“剔黄”；用黑漆的则称“剔黑”；用多色漆层者称“剔彩”；用红黑两色漆相间涂刷再雕花纹的称“剔犀”，这种雕漆品的花纹斜面成红黑相间的线纹。

唐代的雕漆，在历史文献中有许多记载。如明朝著名漆艺家黄大成在其所著的漆艺专著《髹饰录》中，记载了唐代雕漆的品种与刀法等情况。

在漆器的生产方式上，供皇宫和朝廷使用的漆器工艺品主要由官营作坊制作，其原料则主要靠产地贡纳。朝廷所设的漆器生产工坊，由少府监掌管，还开设由少府监掌管的漆工匠训练班。《新唐书·百官志》卷四八记载：

> 少府监，掌百工技巧之政。细镂之工，教以四年。车路、乐器之工三年。平漫刀铄之工两年。矢簇竹漆，屈柳之工半焉。

除此以外，还有民间漆器作坊，各著名的漆器产地还要向朝廷贡纳漆器。《新唐书·地理志》载：“襄州土贡漆器库鲁真二十品乘，花文五乘。”“库鲁真”漆器不仅在唐代襄州生产的漆器中雄居榜首，也是当时全国漆器中的极品，“襄样”漆器闻名天下。

唐代银平脱宝相花纹漆衣铜镜

如《全唐文》

■ 彩漆羽人花鸟纹青铜镜

记载，唐人张廷琏在请河北遭旱涝州准式折免表》中即说：“襄州人善为漆器，天下取法，谓之‘襄样’。”

“库鲁真”以轻巧华美见长，品种繁多，其中以十乘花纹和五乘乌漆碎石纹为上佳品色，一直是进奉朝廷的贡品。

“库鲁真”还深受边疆少数民族的喜爱，从而成为内地与边陲交往的珍贵礼品。

任尚书右丞的大诗人王维，也曾在自己的庄园中经营漆林，《王右丞集》原序中就有漆园的记载。可见唐代漆器生产之兴盛。

唐代漆器主要发现于河南、湖北、江苏、陕西等省，甚至在新疆也有发现。

如在河南省郑州市郊的一座唐墓中发现了一件羽人飞凤花鸟纹金银平脱漆背镜。此镜的做法是以铜为胎，先在背面做漆背，再嵌贴经过镂刻的金银片，与嵌螺钿工艺有异曲同工之妙。

河南省洛阳市郊外的一座唐墓中发现一件人物花鸟纹嵌螺钿漆背镜。此镜铜胎，镜背以漆为地，用贝壳镶嵌图案。

河南省陕县唐代姚懿墓发现了一组残漆器，虽然漆皮与器胎已脱离，但是仍可以看出是夹纻胎，黑红

铜镜 一般是用含锡量较高的青铜铸。在古代，铜镜就是古代用铜做的镜子与人们的日常生活有着密切关系，是人们不可缺少的生活用具。它制作精良，形态美观，图纹华丽，铭文丰富，是中国古代文化遗产中的瑰宝。

色的漆面，器形有圈足器和平底器两种。

唐代嵌螺钿云龙纹漆衣铜镜

另外，在陕县后川唐墓发现的云龙纹嵌螺钿漆背铜镜，直径22厘米，边厚0.6厘米，镜圆形，圆钮，无钮座，高平缘。

镜背漆地上，以螺钿镶嵌一龙飞腾盘绕于云气中。龙三爪，体态丰满，绕钮首尾相接，口对钮珠，曲颈，尾缠后肢，两前肢伸登有力，后肢一曲一伸，姿态生动活泼，刻画惟妙惟肖。嵌填彩贝闪烁发光，绚丽多彩，是一件价值很高的唐代工艺美术品。

江苏省扬州发现10件唐代漆器。这批漆器均为素面黑漆髹成，有木、竹胎两种。

江苏省苏州瑞光寺塔窖藏唐花鸟纹嵌螺钿黑漆经箱。箱长35厘米，宽 12厘米，通高 12.5厘米。木胎，长方形，顶式。

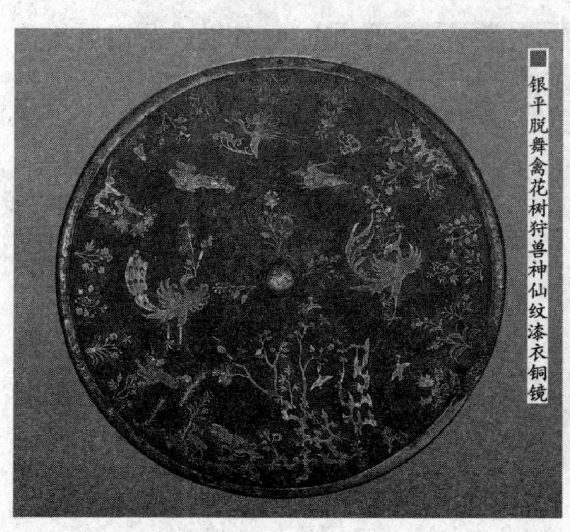
银平脱舞禽花树狩兽神仙纹漆衣铜镜

箱下设须弥座，平列壶门，内施金平脱花纹，如嫩芽初茁。箱身立墙嵌石榴、牡丹等花纹。盖面圆形花纹3组，盖墙飞鸟纹，用花叶间隔。以上纹饰用螺钿嵌出，并用线雕刻纹理。箱中经卷题记，最早为公元931年，故此箱被定为晚唐五代间制品。

湖北省监利县福田乡发现了一座唐代砖墓室，有一大批珍贵漆器。这批漆器均系木胎，外表髹褐黑色漆，内髹朱漆，无彩绘纹饰，造型精致，保存完整，有漆碗、漆盂、漆盘、漆勺、漆盒等。

新疆吐鲁番阿斯塔那墓群发现了唐代嵌螺钿木漆奁。此件漆器为木胎，由身与盘两部分组成。

陕西省主要是扶风法门寺一批精美的唐代漆器，最著名的是一件用秘色瓷做胎的绿沉漆金平脱碗。秘色瓷已经是国宝了，漆器用秘色瓷做胎，非常奢侈，可见其名贵。这件碗里面是秘色瓷，看得清清楚楚，外面平脱金银。

另外，西安市东郊长乐坡村发现唐金银平脱镂金丝鸾衔绶带纹漆背镜，直径22.7厘米，厚0.9厘米，漆背，青铜质，圆形，簿、圆钮有穿，素缘内侧有立墙。

此镜是盛唐时期金银平脱工艺镜的典型作品。镜背花纹可分作两区，内区以镜钮为中心，装饰银片莲叶，叶脉清晰逼真，其外有金丝同心结。

外区纹饰为4只口衔绶带的金质鸾鸟，围绕画面中心同向飞行，其间各以一朵银质折枝花相隔，鸾鸟羽毛刻画异常精细。近缘处又饰金质同心结鸾为瑞鸟，既可喻才子，又可喻佳人，是唐金银平脱镜中最常见的纹饰。

金银平脱镂金丝鸾衔绶带纹漆镜背

古诗中就已经有

“凤钗金作缕，鸾镜玉为台”之句，而绶与寿同音，长绶即长寿，同心结则为永结同心之意。

■ 唐代金银平脱羽人飞凤花鸟纹漆背衣铜镜

此外，在黑龙江省宁安渤海上京龙泉村遗址发现了一件嵌银丝平脱漆盒。四川、山东等地也发现了唐代金银平脱镜，陕西、山西、河南、广西、湖南、辽宁、内蒙古等地唐墓中也有唐代的光素漆器。

在山西省太原金胜村唐墓中发现朱漆盘12件；在洛阳发现“高士抚琴螺钿镜”；三门峡发现“云龙螺钿镜”。

唐代的漆器少，这是因为漆器工艺的繁荣，助长了人们崇尚华美的奢靡之风，一件上好的漆器工艺复杂，耗费大量的人力物力，使朝廷不得不对漆器制造有所制约。不过当时非常出名的品类是漆琴。

唐琴用漆髹饰，唐代名琴有紫色的“九霄环佩”、栗壳色的“大圣遗音”、朱色“飞泉”、黑色的“玉玲珑”等。

制琴高手往往又是髹漆高手，琴的制作对木质、底灰和大漆的选择都非常严格，只有这样才能达到音色悦耳、造型华美的境地，名琴往往就是一件精美绝伦的艺术品。

琴 古代弦乐器，最初是五根弦，后加至七根弦，通称“古琴”。在古代，人的文化修养是用琴、棋、书、画四方面的才能表现的，弹琴为四大才能之首。琴发明于伏羲时代，为五弦之琴，或为神农所作。《古史考》记载：伏羲作琴。

唐宫伎乐图漆画

如九霄环佩琴，通长123.5厘米，弦长113厘米，肩宽21厘米，尾宽15厘米，最厚5.6厘米，底厚1.1厘米，漆色呈紫果色，鹿角灰胎，漆胎下面裱有粗丝黄葛布底，小蛇腹断纹。

腹内纳音稍稍凸起，琴背龙池上方刻篆书“九霄环佩”4字，龙池下端刻篆文“包含”大印一方，池旁右刻“超迹苍霄，逍遥太极，庭坚”行书10字及“诗梦斋”印一方。

断纹 指琴表面上因长年风化和弹奏时的震动所形成的各种断痕。断纹的种类很多，主要有梅花断、牛毛断、蛇腹断、流水断、龙鳞断等。一般来说，琴不过百年不出断纹，而随年代久远程度不同，断纹也不尽相同，是鉴藏古琴的主要依据之一。

此琴琴额圆阔，项部宽长延伸至三徽以下，腰长横跨在七徽八分至十一徽二分之间。琴面的弧度从边部即渐渐丰隆似苍穹，丰满圆润。

整个琴体皆以弧线相交接，线条过渡自然流畅。尤其是收尾之处，从十三徽下即逐渐圆收，冠角的线条雕刻得十分精细，改善了琴体的单调感，给粗犷的琴体增添了几分灵动，使整个琴体在庄重浑厚中显露出伟岸高大的气势，具有盛唐时期的典型风格特征。

九霄环佩琴是唐琴中最为罕见的一种，琴为桐木所斫，龙池、凤沼纳音中间下凹圆沟。枣木岳尾，岳山横陈琴首之中，焦尾冠角较方，结处较尖。自古以来此琴极享盛名，被誉为“鼎鼎唐品”和“仙品”，让人过目难忘。

唐代大圣遗音琴通长120.5厘米，额高19厘米，肩宽14厘米，厚9.5厘米。琴首弧形，项斜收，近肩处收成小弧。九、十徽处有一内收成圆弧的腰。琴面微弧。背面龙池、凤沼均为圆形。琴身布有蛇腹断、牛毛断、流水断、龟背断、梅花断等断纹，通体原髹谷色漆，后以朱漆修补多处。

大圣遗音琴面肩部中央刻狂草“独幽”两字，龙池下方刻方印“玉振”，龙池内底周围刻隶书“太和丁未” 4字款。另琴尾还刻有琴学大师杨宗稷的题诗及杨氏弟子李伯仁的题字等。

嵌螺钿 指取材于各种贝壳色泽光华最佳的部位，分层剥离和裁制后镶嵌于木、漆器之上作为装饰。《髹饰录》中描述道：“螺钿……百般文图，点、钩、条，总以精细密致如画为妙。又分截壳色，光华可赏。”意即按照画面花纹的需要，采用不同色泽的螺片，裁切成后镶嵌出各种画面，达到近似设色的效果。

唐代漆器与当时的铜镜发展相联系，如嵌螺钿人物花鸟纹漆背镜，直径23.9厘米，边厚0.5厘米，镜圆形，同钮，无钮座，高平缘。

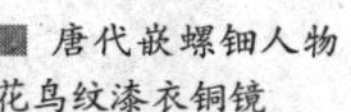
唐代嵌螺钿人物花鸟纹漆衣铜镜

镜背镶嵌厚螺钿片纹饰，上方为一株花叶茂盛的大树，树梢头一轮明月，几只鸟雀枝头跳跃，树下蹲坐一犬，两侧各饰一昂首振翅翘尾鹦鹉。

两老者对坐于树

唐代铜镜

前，其间放置酒壶和酒樽，左者弹乐，右者举杯欲饮，背后一侍女捧物侍立；下方为鸳鸯戏水，空白处缀以落花草石。每块贝片上都施毛雕，技巧十分精湛，是唐代不可多得的珍品。

还有一件嵌螺钿人物花鸟纹漆背镜，直径14厘米，厚0.5厘米，青铜质，圆形薄身，半圆钮确穿，素平窄缘。此镜由于长期埋藏在黄土中，髹漆部分所剩无几。

贝片雕花叶、人物、鸟兽等图案围绕镜钮布置，残存的填漆表面，铺满了绿、黄两色碎石，完全遮住了漆的本色，这种做法在存世的唐螺钿镜中还未见过。

此镜形体较小，钮也显得低平，螺钿图案排列拥挤，且表面不见毛雕。从这些特点判断，此镜当是唐中期螺钿镜类衰落时期的作品。

阅读链接

“玉玲珑”乃传世古琴，藏于湖南某氏。琴为方头，作内收双连弧形项腰，与传世的历代古琴图式所绘“凤势式”图形相合。

据云，“凤势式”琴为魏扬英所创作，故亦有“魏扬英式”之称。琴通长121.5厘米，桐面杉底，通体黑漆，纯鹿角灰胎，发错综层叠断纹，犹如水波之状，灰胎之下有一层纹理疏松的黄色葛布底。

琴背作圆形龙池，扁圆风沼。琴音苍韵松古，温劲而雄。琴背龙池上方刻寸许楷书“玉玲珑”3字。

美观而牢固的五代漆器

五代十国时期，我国经历了分裂割据的半个世纪，但是江南保持了相对的稳定，手工业得到继续发展。特别是吴越、后蜀等小国在漆器制造方面还取得了相当大的成就，漆器制作中心转移到了南方，江苏、浙江等地成为漆器的主要生产地。

五代时期的漆器基本继承了唐代晚期的风格，却又有所发展，素面漆器多数是外壁黑漆内壁朱漆，用朱不艳，色较沉，用漆较厚。

五代银平脱花卉纹镜盒

五代嵌螺钿木胎黑漆经函

在日常生活用品方面，五代漆器中的碗、盘、盒等与同时期的瓷器形制基本相同。盘、碗多花瓣形器口或大敞口，弧腹下平底一圈足较宽大，漆托子的盏口与喇叭圈足也比较宽广，这就是有别于宋代漆碗多用小圈足之特征。

五代漆器的制胎、灰腻、髹漆诸法继承唐代工艺，碗、盏托等胎骨都用细木片圈叠。口沿部分有的上银扣，不仅精美，而且更牢固。

五代十国这一时期尽管不长，但仍创造出了一些光彩夺目的髹饰佳品。在前蜀王建墓发现极为豪华的金银平脱器朱漆册匣等，嵌孔雀、狮、凤、武士等花纹，较之唐代制品毫不逊色，说明五代工匠还能熟练制造平脱器。

最能代表五代漆器发展水平的是，浙江省湖州飞英塔发现的五代时期嵌螺钿木胎黑漆经函和江苏苏州瑞光塔发现的，五代嵌螺钿花卉纹经箱等。螺钿花纹密布，刻制精细，犹似繁星闪烁，堪称我国古代螺钿漆器中的珍品。

湖州飞英塔由内外二塔组成。内塔石质，仿木构楼阁式，始建于唐，重建于1154年。就在飞英塔塔壁中，发现了一件残损的螺钿黑漆经函，函外布满镶嵌的装饰，嵌物以蚌片为主，还有水晶珠和绿玻璃片。

据题记，它是五代末期吴越国王太后施舍的“宝装经函”。函外底的朱书题记为：

吴越国顺德王太后吴氏谨拾（施）宝装经函肆只入天台山广福金文院转轮经藏永充供养时辛亥广顺元年十月日题纪。

从底部题记可知主人是五代末期吴越王钱弘淑的母亲顺德王太后吴汉月，经函和经卷虽已严重残损，但仍保留了较高的价值。

苏州瑞光塔又称“瑞光寺塔”或“瑞光院塔”。瑞光寺，初名“普济禅院”，据志书载，在公元241年时，康居国僧人性康来到苏州，吴主孙权为他创建了这座佛寺，是苏州的著名佛寺之一。

在塔的第一层与第二层之间，发现了一石函，内放漆器和嵌螺钿藏经箱，上面写有“辛酉岁建降二年十二月十七日丙午入宝塔”。

这件五代嵌螺钿藏经箱，长35厘米，宽12厘米，高12.5厘米，木

黑漆嵌螺钿经箱

胎，用合题法镶榫制作。长方形，箱盖盝顶，台座略宽与箱身连接。表面黑漆，经箱上的花纹图案都是用螺钿装饰。

经箱的台座用须弥座形式，设壶门，壶门内贴嫩芽形图案的木片，上面贴金箔，间以花瓣形贝片图案。盖、身、台座缘镶嵌由花苞形、四瓣花形、鸡心形组成带条，这些装饰衬托出整体图案的绚丽多姿。此经箱承袭唐代的螺钿工艺，它的发现是研究唐代以来中国螺钿工艺的发展的实物资料。

五代漆器大量发现于四川省成都抚琴台前蜀开国皇帝高祖王建墓。此墓虽经几次盗掘，但仍发现了一些珍贵的五代漆器。

尤其是大量金银平脱的漆器，其设计、雕镂均达到非常高的水平。其中的银铅胎漆碟，为所发现的此类器物中之最早者；镜匣亦为平脱器中之最精美者，镜匣与铜镜位于棺内靠东北隅地方，镜置于匣上，银质花纹饰片保存良好，其下尚带有朱漆纹及朽木痕。

王建墓中这些五代时期的漆器品种丰富、色调沉着，以严谨的构思，流动的云气纹、神兽纹相参差而闻名于世，堪称漆器艺术珍品。

阅读链接

漆工艺虽然经过了6000年左右的发展，却未曾有过关于漆工艺专著的出现，直到五代，才出现了我国第一部见于著录的漆工专著《漆经》。此书由朱遵度编著，但原文已佚，仅有名称见于《宋史·艺文志》。

史书所载的朱遵度《漆经》问世，从某种程度上展现了隋唐五代，对髹漆工艺技术系统不懈努力推广的理念和探索精神。从史书典籍的记载，也可窥见处于当时世界高峰的唐代文明，在髹漆工艺发展上所闪烁的光辉。

宋元明清漆器

两宋曾被认为是一色漆器的时期，但发掘出土许多有高度纹饰的漆器。在苏州瑞光寺塔中发现的珍珠舍利经幢，底座上的狻猊，宝相花，供养人员是用稠漆退塑的。

在元代漆器中成就最高的是雕漆，其特点是堆漆肥厚，用藏锋的刀法刻出丰硕圆润的花纹。大貌淳朴浑成，而细部又极精致，在质感上有一种特殊的魅力。

明清漆器分为14类，有一色漆器、罩漆、描漆、描金、堆漆、填漆、雕填、螺钿、犀皮、剔红、剔犀、款彩、炝金、百宝嵌等。

工艺高度发展的宋代漆器

在魏晋南北朝时期出现的密陀僧兑制生漆的基础上，宋代发明了推光漆精制技术和器物的髹涂抛光技术。这两个关键技术的创新，把漆的装饰功能推向了两极。

一方面把漆质的剔透晶莹发挥到了极致；另一方面也把漆的黑色运用到了炉火纯青的审美高度，促进了宋代素髹工艺和雕漆工艺的兴盛。

宋代葵瓣漆碗

宋代漆工艺以质朴的造型取胜，最能体现宋代时期特点的是一色漆器。一色漆指的是器物通体髹一种颜色的漆器。有的

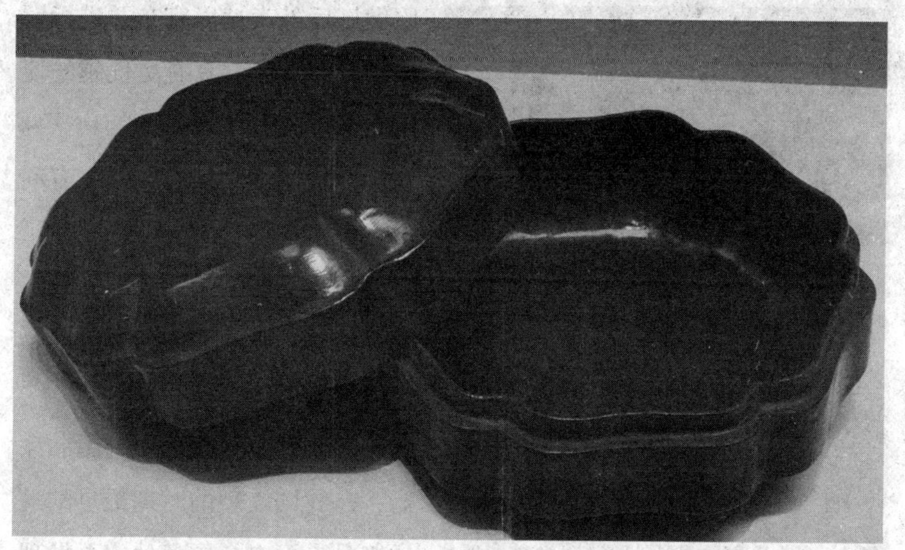

■ 花瓣形漆盒

表里异色，或表里同色、底足异色，也归为一色漆。

由于一色漆器没有任何装饰和花纹，质朴无华，又称其为“光素漆”。宋代的一色漆器以黑色为主，兼有红色、褐色、赭色和黄色等。

宋一色漆的器形有饮食用具中的盘、碗、碟、盒、钵、罐、勺、盆、渣斗等，茶具中的盏托，梳妆用具中的奁、粉盒、梳子，文具中的笔筒、镇纸、画轴，家具中的几，还有瓶、棒、剑等。花瓣形碗、盘以及各种造型的盒是这个时期的流行器形。碗、盘大多与同时期的瓷器造型相同。

宋代漆器工艺最具特色的是胎骨用圈叠胎制作。圈叠胎是用上好的木料裁剪成条，细长而规整，然后用热水回软，逐圈从小到大叠置而成，粘接、干燥后修去梯形的棱角，做出各种造型。

这种工艺是在战国时期出现的棬木胎的基础上发展起来的，它融合了木胎与夹纻胎工艺，是一种将木

渣斗 又名参斗、唾壶，用于盛装唾吐物。如置于餐桌，专用于盛载肉骨鱼刺等食物渣滓，小型者亦用于盛载茶渣，故也列于茶具之中。该器一般是喇叭口，宽沿，深腹，形如尊。渣斗在晋代开始使用，瓷质的较常见，如青瓷渣斗。明清两代有银器或漆器渣斗，堪与名窑瓷器比美。

■ 南宋戗金庭园仕女图莲瓣形奁

胎做好后外表裱以麻布并进行髹漆的制胎方法，具有更优越的使用性能。

多条薄木片的层层圈叠有利于克服木材的各向异性，也易于塑造出各类器型，而麻布、漆灰的裱衬作用则使胎体更加轻薄，坚固耐用。

湖北省监利唐墓中的圈胎漆器，是我国发现的时期最早的这类制品，而在全国各地宋墓发现的众多漆器上，都可以看到这种圈制工艺制胎新法的普遍应用。

宋代的漆艺比较有代表性的还有描金堆漆、螺钿、戗金、雕漆等。嵌螺钿是宋代漆器的重要品种。宋代的螺钿跟前代比更薄且精细，在薄薄的螺钿上刻出精巧的花纹。

宣和中访问过朝鲜的徐兢，在所著《奉使高丽图经》中记载了当时受我国影响的高丽螺钿器并给予了很高的评价。

13—14世纪朝鲜制的螺钿箱和唐草纹圆盒等，花纹枝梗都用铜丝来嵌制，和明初《格古要论·螺钿》条中所说的“宋朝内府中物及旧者俱是坚漆，或有嵌铜丝者甚佳”正合。铜丝的使用足以说明宋代的螺钿技法传到了朝鲜。

南宋临安，螺钿更为流行，《西湖老人繁胜录》讲到螺钿交椅、螺钿投鼓、螺钿鼓架、螺钿玩物等，说明南宋时已用螺钿来做多种器物用具了。

宋代的描金堆漆，上承于唐代。其中瑞安慧光塔内发现的三件经函，除了采用单纯描金工艺，还在四壁周围及转角处采用了堆漆工艺。此外，瑞光寺塔舍利宝幢的须弥座上也使用了堆漆做法。

须弥座 又名“金刚座”“须弥坛”，源自印度，系安置佛、菩萨像的台座。在古代传说中，须弥山是世界的中心。另一说指喜马拉雅山。用须弥山做底，以显示佛的神圣伟大。是一种上下出涩、中为束腰的形式。后来一些家具，如屏风之类的底座也经常采用这种形式。

所谓戗金，是在朱色或黑色漆地上，用针尖或刀锋镂划出纤细花纹，花纹内填漆，然后将金箔或银箔粘贴上去，经过打磨处理，形成金色或银色的花纹。

江苏武进发现的宋戗金漆器，为人们认识宋代戗金漆器提供了可靠的依据。戗金仕女图奁、出游图长方盒、柳塘图长方盒，技艺之娴熟，刻画之精细，均达到了炉火纯青的地步，是宋代戗金漆器的代表作，也代表了宋代漆器制作的最高水平。

尤其是这三件作品都有铭文，注明了制作时间、地点和工匠姓名，也证明了宋代戗金漆器的主要制作地在浙江温州。

宋代戗金漆器已在3个方面形成了自己的风格。其一，在画面构图上疏密有致，突出所要表现的主题。其二，在戗金工艺上采用细钩纤皴技法，物象细构之间一一划刷丝，用较粗的线条表现物象的轮廓，用细线、细点表现物象的细部和层次，具有写实风格。其三，在艺术效果方面，无论是表现人物，还是表现花卉，已达到戗划与绘图浑然一体的效果。

■ 南宋堆朱后赤壁赋图盒

雕漆的兴起是宋代漆器发展的一个突出成就。雕漆是在已

雕漆 是把天然漆料在胎上涂抹出一定厚度，再用刀在堆起的平面漆胎上雕刻花纹的技法。是我国传统民族艺术，至少有一千四百余年的历史。历经唐、宋、元、明、清五朝，在明清两朝还是皇家宫廷工艺器物，历来具有崇高的社会地位和艺术价值。

做好的木胎上层层髹漆，待达到一定厚度时再按所需图案雕刻出花纹，具有层次分明、主题突出的浮雕效果。

因所雕漆色的不同，雕漆又分为剔红、剔黄、剔彩、剔绿、剔黑、剔犀等若干品种。雕漆的出现虽然比较晚，但却后来居上，成为漆器的主要品种。

宋代雕漆主要有剔黑、剔红和剔犀3种。剔者，雕也。剔黑，即雕黑漆。在日本发现数件传世宋代剔黑漆器，比较典型的是珍贵的宋代剔黑婴戏图盘和醉翁亭图朱锦地剔黑盘。两盘的刀法相同，花纹凸起不高，与漆层肥厚的元代雕漆异趣，均为南宋时的雕漆。

剔黑婴戏图盘高4.5厘米，径31.2厘米，为圆形浅盘，可能是果盘。夹纻胎，表层黝黑而微呈褐色，此下有薄朱漆层，最下为暗黄色地。

■ 剔黑婴戏图盘

盘正、背两面刻花卉纹边，正面中心刻楼阁3重，前为庭院，庭院以曲槛围匝，左为池塘，右为花圃。三重飞檐门楼前后掩映，在浓密的树荫遮掩下，有“庭院深深深几许”之趣；飞檐门楼前为一曲槛围绕的庭院，10个孩童或卧或站，或驻足或奔跑，游戏耍闹，气氛热烈；曲槛外水流波动，池塘中鲤鱼游动。

楼阁左右，实以繁茂花树，树梢上一轮圆月挂在天空，轮中丹桂、玉兔清晰可见，可见所描绘的乃是中秋夜景。盘侧壁为缠枝花叶图，两组图案被两条同心圆圈纹隔开。

南宋剔犀扁圆形红面盒

宋代雕漆，主要是剔犀。剔犀也是雕漆的一种，与剔黑、剔红所不同的是它的装饰手法具有相对的独立性。剔犀工艺的做法是用两种或三种色漆，先在胎骨上用一种色漆刷若干道，积成一个色层，再换一色漆刷若干道。

有规律地用两种或两种以上色层达到一定厚度，再用刀雕刻出云纹、回纹、卷草纹等，在刀口的断面显露出不同的色层。因此，剔犀能够取得比纯色雕漆更富于变化的装饰艺术效果。

剔犀虽然属于雕漆范畴，但这种工艺只是以雕刻线条简练、流畅大方的云纹、回纹等为主，并不雕刻山水人物、花鸟鱼虫等。

在宋代，还出现了器表连续髹两种色漆和推光髹漆工艺。在唐代及其以前的漆器的表面除彩绘外，要么髹成红色、棕红、暗红等，要么髹成黑色、褐色、棕褐等。

在湖北省武汉十里铺北宋墓发现的漆器，表面连续髹红、黑两种色漆，锃亮如镜，几乎看不到疵点，说明当时已采用从粗磨、细磨到沾水或油打磨等多道磨制工序，显示出高超的推光工艺水平。

在漆器生产方式上，宋代不仅官方专设机构管理漆器生产，而且民间漆器作坊日渐兴盛，遍及各地。私营漆工坊与官营漆器制造作坊的赏赐和调拨体系形成鲜明对照，成为驱动我国古代髹漆工艺向多样

北宋朱漆宝盒

化方向持续发展的两个不可缺少的车轮之一。

北宋首都汴梁、南宋首都临安等地，都是漆器生产的集中之地，宋元时期的嘉兴、温州、江宁等地也是其著名产地。当时的“浙漆”号称“天下第一”，其中温州漆器最负盛名，所产漆器远销到常州、武汉、淮安等地。

由于漆器工坊生产规模日益扩大，出于市场竞争的需要，漆器产品还往往题刻年款、产地、店铺名或制作工匠姓名，商品化特色更加浓厚。各种专业性的漆行和店铺应运而生，在大城市中设有分工很细的“行”“铺”。

南宋的临安，不仅有著名的“漆作”“戚家犀皮铺”“游家漆铺”“温州漆铺”等，还有以漆器命名的地名，如著名的“李官人双行解毒丸”就设在“漆器墙下”。

《宋史·食货志》记载：

西夏至景德四年于保安军置榷场，以香药、瓷、漆器、姜、桂等物易蜜、蜡、麝脐、毛褐等。非官市者，听与民交易。入贡之京者，纵其为市。

可见漆器已作为商品在民间普遍使用。

宋代漆器生产主要在南方，并形成了温州、杭州等漆器制作中心，发现有大量宋代漆器。

如浙江省瑞安县仙岩北宋慧光塔中，发现一批写经、刻经、舍利函等重要漆器。

如慧光寺塔发现的北宋描金堆漆经函，有内外套盒的经函一套。外函长40厘米，宽18厘米，高16.5厘米；内函长33.8厘米，宽11厘米，高11.5厘米，外函木胎，盝顶，下有须弥座，通体髹棕色漆，漆堆出供养菩萨、神兽、飞仙、花卉等，并嵌小珍珠。在漆地上用金笔描绘飞天、花鸟、鼓，琶、排箫等乐器，线描精细，堆漆工艺高超。

此函反映了北宋早期髹漆工艺水平，据建

飞天 佛教壁画或石刻中的空中飞舞的神。它是歌神乾闼婆和乐神紧那罗的化身，原是古印度神话中的歌舞神和娱乐神，他们是一对夫妻，后被佛教吸收为天龙八部众神之内。我国道教中把能在空中飞行的天神称为飞仙。飞天多画在佛教石窟壁画中。

■ 北宋描金堆漆经函

塔施主题记，知此函为永嘉严士元所舍，函底有金书一行，已模糊不清，仅“大宋庆历二年”等字依稀可辨。此函当为温州制品。

描金堆漆经函内函木胎，通体髹朱漆，除函底外，均工笔描金。顶部绘双凤纹围花3个，四壁绘六瓣形鸟纹8围，花卉为地。下部须弥座上设壶门，壶门内饰嫩芽形装饰，以“十”字形叶片为地。由于内函放置在外函内，因此保存完好。

此函制作年代有据，为北宋庆历年间早期制品，是一件北宋早期描金漆器的实例，乃北宋漆器中之珍品。

江苏省淮安西南六里的杨庙镇有五座宋代墓葬，发现了漆器75件。这些漆器的颜色以黑色为主，酱红色较少，但有一部分是内黑外红或内红外黑的。

凡底部和外部有文字的地方全部髹黑色，文字用红色。淮安宋墓的漆器有文字的达19件，这些文字记录了制造漆器的时间、地点和工匠姓名。

北宋红漆碗

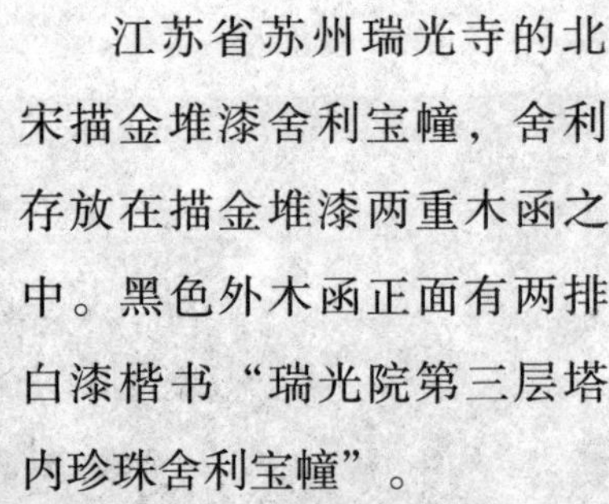
江苏省苏州瑞光寺的北宋描金堆漆舍利宝幢，舍利存放在描金堆漆两重木函之中。黑色外木函正面有两排白漆楷书“瑞光院第三层塔内珍珠舍利宝幢”。

宝幢主体用楠木构成，分须弥座、佛宫、刹3个部分。须弥座呈八角形，上有一条满身缀珠如银鳞的九头龙。佛宫在须弥山的顶端，宫外有八大护法天神。

宫中为碧地金书八角经幢，分别以真、草、隶、篆书阴刻填金七佛之名及梵语“南无摩诃般诺波罗蜜”。

幢顶置有金银雕缠枝纹佛龛，一尊通体描金的木雕佛祖像趺坐其间。殿顶设漆龛，内盛金质宝瓶。其上罩八角形金银丝串珠华盖，分别有鎏金银丝编小龙八条为脊。华盖上部为刹。刹顶是一颗大水晶球，球两侧用银丝缠绕，亮光闪闪。

北宋堆漆宝箧印经塔

宝幢通体髹棕色漆，棕地上或以堆漆法饰出菊花缠枝纹，或施工笔描金绘出人物图案，线细如游丝，工整流畅。函盖用棕色漆堆出缠枝菊花图案，点缀小珍珠作饰物，四面立墙用金粉绘出白描人物。

函底座四角用棕色漆堆出菊花缠枝纹，中间壶门内堆出形态各异的神兽。底座上的狻猊、宝相花、供养人员是用稠漆堆塑装饰的典范。

珍珠舍利宝幢造型之优美、选材之名贵、工艺之精巧都是举世罕见。制作者根据佛教中所说的世间七宝，选取名贵的水晶、玛瑙、琥珀、珍珠、檀香木、金、银等材料，运用了玉石雕刻、金银丝编制、金银皮雕刻、檀香木雕、水晶雕、堆漆雕塑、描金彩绘、穿珠等10多种特种工艺技法精心制作。仅珍珠就有4万余颗。

器内金书铭文，漆地上金线描绘飞天、花鸟，运笔流畅，漆液和金粉的调制工艺，已经完善到有规可循，为宋代最精致的描金漆器。

北宋鎏金花边经函

金漆奁，就是在朱色或黑色素漆地上，以针刻画，或山水树石，或亭台屋宇，或人物故事，然后在纹理中填金箔。

古代奁盒的器形十分优美雅致，器身呈八棱莲瓣式，分盖、盘、中格、底格多层，每层口沿及底足镶银。其中要数江苏武进县南宋时一座命妇墓中发现的一件金工艺漆奁最具价值，在沉睡700多年后依然光彩夺目，称得上是一件巧夺天工、旷世绝伦的精品。

武进南宋墓园林仕女图戗金莲瓣式漆奁漆器，通高21.3厘米，直径19.2厘米。木胎。三撞，莲瓣式，口镶银扣。通体髹朱漆，奁盖面用戗金法做出园林仕女图，描绘发髻高耸衣着华美的仕女二人，身着花罗直领对襟衫，下穿曳地长裙，分执团扇、折扇，挽臂齐行，显得高雅华贵。捧瓶随后者是为侍女。路旁有柳树、山石，是一幅清静幽雅而又富生活情趣的南宋仕女消夏图，人物戗划细腻，主仆层次分明。

盖边及奁壁均戗划填金折枝花卉，纤细流畅，熠熠生辉的线条，勾画出各色花卉的千姿百态。奁盖内侧朱漆书“温州新河念金五郎上牢”10字款。

同墓发现的人物花卉纹朱漆戗金长方盒盖内有朱书“丁酉温州五马钟念二郎上牢”款。从铭文记载不仅可以推算出此器的制作年代，而且确定了这几件戗金漆器皆为温州制品，对了解南宋温州漆器生产提供了实物依据。

湖北省武汉市汉桥区十里铺的北宋墓葬中发现漆器17件，均为木胎，胎较薄，其中1号墓发现的北宋花瓣式漆盘，盘径16.7厘米，通高3.1厘米，盘口外撇呈六瓣花形，弧腹平底。内外髹褐色漆。

福建省福州发现一座三圹并列的宋墓，其中的漆器有漆奁、漆粉盒、髹尺、漆缠线板和漆镜架共7件。漆奁内存放的都是梳妆用具，其中一座青年女子黄瘴墓随葬的素面黑漆奁盒内，有菱花形铜镜、素漆小粉盒、银盅、角梳、木梳及棕刷、竹剔签等物。

在福州市茶园山南宋墓中也发现有5件剔犀漆器。其中的剔犀六瓣菱花奁，是一件宋代雕镂类漆工艺制作中的上乘精品。

该器分盖、盘、中、底四层，黑面，有朱、黄、黑相间色彩更迭达10层，每层面上刷漆数遍，厚薄不一，通体纹饰云钩图案，布法疏朗、线条委婉。与明代曹昭《格古要论》中提到的宋代福州制作的“福犀”完全对应。

宋代菱花形漆奁

茶园山宋墓中素面漆奁不下十来件，件件都是造型雅致、漆色光亮，可以看出素漆奁的制作工艺要求也很高，其中朱书铭记上还有湖州、苏州等制作的品牌。

辽代和金代的历史较短，都是少数民族建立的政权。在器物制作上除了具有传统的游牧民族特点，大多吸收了中原的风格。辽金时期的漆器发现的很少，且基本上与宋代漆器的风格一致，应该是被辽、金占领的宋人所制。因此把它们归为宋代漆器。

在辽宁省法库叶茂台乡有一座辽代砖墓，发现的漆器有钵、碗、器盖、奁、梳、大盘、盆、勺、枕等20多件。这些漆器的胎质有木胎和卷木夹纻胎两种，漆色有黑光、朱红和酱红色3种。其中以木胎、酱红色的一批小碗和龙首勺保存较好。

其中一件辽漆木双陆板长52.8厘米，宽25.7厘米，厚1.6厘米，木子高4.5厘米，底径2.3。由一片长方形“双陆”板与30粒黑、白双陆子组成。双陆板木胎，髹黑漆，已被磨蚀脱漆露木。

双陆是魏晋时期由中亚传入我国的一种博戏，盛行于隋唐。这是我国发现得最早的一副双陆实物，弥足珍贵。

阅读链接

女为悦己者容，这是千古传承的哲言。但是，我国古代女子用以淡妆浓抹的化妆盒该是什么式样呢？作为古代漆器工艺发展的又一高峰的宋代，却一直是一个断层。

好在宋词与宋画中给我们提供了不少信息，才华横溢的女词人李清照南渡以后，丈夫赵明诚去世，心情忧郁，她的一首《凤凰台上忆吹箫》中有“香冷金猊，被翻红浪，起来慵自梳头。任宝奁尘满，日上帘钩”。贺铸词：“销黯、销黯，门共宝奁长掩。”与李词相似。

由此推知宋代上层妇女闺楼中所备的梳妆盒，该称为“奁”。这种奁盒也见于宋人画卷中，有一幅《半闲秋兴图》，图中有一条几，上面放着一件大漆奁及一些梳妆用品，中间摆镜架，置菱花形铜镜，镜中映出仕女面容。宋词与宋画有声有色地展示了宋代漆奁形象。

繁华兴盛一时的元代漆器

经过宋代近300年间漆器生产的兴盛时期，元代的漆器生产，继往开来，可称之为我国漆工艺史上一个繁华时期。它由宋代漆工之百花齐放而进入锦上添花，日臻完善，以致盛极一时。

在元朝统治时期，江南一带工、农业发展始终未停顿，是全国最繁荣富庶的地区。嘉兴成为生产漆器的重要中心，名匠辈出，艺臻绝诣。

元代红雕漆人物圆盒

浙江省嘉兴的张成、杨茂是元代最著名的雕漆能手，他们的作品已成为稀世之宝。陶宗仪《辍耕录》述及戗金、戗银工艺颇详，其法得自嘉兴杨汇的漆工。当时以戗金闻名的

元代剔红牡丹绶带纹圆盒

彭君宝就是杨汇人。

元代漆器主要有4个品种，即一色漆器、螺钿漆器、戗金漆器和雕漆。其中的雕漆已发展到登峰造极的地步，较之宋代有了巨大的变化。螺钿漆器虽发现不多，但其高超的制作工艺已由镶嵌厚螺钿发展到镶嵌五光十色的薄螺钿，更富于装饰意趣。

元代的一色漆器与宋代相比，数量很少。元代一色漆器的颜色有黑色、红色、珊瑚红色、褐色等。器形基本上与宋代漆器相同，只是宋代广为流行的花瓣形盘、碗到元代则基本不见了，代之以圆盘、圆碗。元代的一色漆器漆质光亮，器形端庄，风格质朴。

螺钿漆器是元代诸多瑰丽漆工艺中充满生机的作品。镶嵌在漆器上的螺钿有厚与薄之分，因而有“厚螺钿”与“薄螺钿”之称，由此形成了螺钿漆器的两大系列。“厚螺钿”又称“硬螺钿”，“薄螺钿”又称“软螺钿”。

元代以前的器物以镶嵌厚螺钿为主，从元代开始，厚、薄螺钿兼而有之。北京市元大都后英房遗址中发现的嵌螺钿广寒宫残片，是国内所知唯一的元代嵌螺钿漆器。

这件广寒宫图嵌螺钿黑漆盘残片，径约37厘米，呈不规则半圆形，木胎，用薄螺钿嵌出两层三间重檐歇山顶楼阁。因碎片中有“广”字痕迹，与景物印证，定名“广寒宫图”。

阁后植树，叶似梧桐、丹桂。云气自下腾空而上。不同物象，采用《髹饰录》所谓“分裁壳色，随彩而施缀”的做法。

元代制作的螺钿器一般是采用鲍贝，这种贝的壳色具有青、黄、蓝、赤、白5色。用它裁切成不同大小的贝片，再经研磨成薄片的物像，且在细薄的钿片上再施以毛雕。

钩出人物的衣着神态、树木的枝干或殿宇建筑的细部以及山头云气等，嵌在漆器上的图案精而薄，层次丰富、色谱齐全、绚丽夺目，恰似耐人寻味的工笔画一样。

元黑漆嵌螺钿群仙宴乐图八方盖盒为元漆工艺佳作中之佼佼者，细腻的镶嵌技术和繁复而生动的纹饰装饰，使它成为14世纪漆器作品中之杰作。盒上的人物图包括历史故事、神话故事和文学作品，大部分来自道教故事。

盒盖上方有仙人站于殿外；左边3位女神驾凤而至祭坛前，每羽凤凰都刻画细致，尾部羽毛纹饰各异，其中一个可能就是月神嫦娥；另一位神仙是西王母；由右下方出现的海浪纹来看，第三位仙子应该是东南沿海航海的守护神天后圣母妈祖。

元代嵌螺钿八仙祝寿八方盒

盒盖上这3位女神均有仙子相伴，另有8位仙子奏乐娱众。下方有一个祭司手持香

元代剔红花鸟盘

炉向祭坛走去。右上方有南极仙翁乘云而至，下面有八仙纷纷到达。此为众仙喜庆典礼的场景。

盖壁上一开光内饰有刘备“三顾茅庐”，盖壁上另一开光内饰有姜子牙渭水垂钓图。盖壁上另一开光内饰有牧牛图。画面上许由粗衣麻布，手牵着牛；两人锦衣华服跟随在后，一人向牵牛者陈上简。

此盒盖面的左侧刻有“刘绍绪作”名款。从盒上的纹饰特征来看，应是出产自吉安府庐陵县。

《格古要论》中称元代“戗金器皿漆坚戗得好者为上。元朝初嘉兴府西塘有彭君宝者，甚得名，戗山水、人物、亭观、花木、鸟兽种种臻妙”。

陶宗仪著录的《辍耕录》中对戗金漆器的制作方法、装饰图案、制作地点作了详细描述：

> 嘉兴斜塘扬汇髹工戗金戗银法，凡器用什物，先用黑漆为地，以针刻画，或山水树石，或花竹翎毛，或亭台屋宇，或人物故事，一一完整。

在元代漆器中成就最高，可谓达到历史顶峰的是雕漆，元代雕漆中只有剔红、剔黑、剔犀3个品种，其中又以剔红最多。器形有圆盒、长方盒、八方形盘、葵瓣盘、尊等，以盘、盒为多。其装饰图案有花卉、山水、人物、花鸟等。

以花卉为主题的作品，一般不刻锦纹地，而是以黄色素漆为地，在其上直接雕刻红漆或黑漆花卉。一般是在盘内正中雕刻一朵硕大的花，四周点缀小朵花及含苞待放的花蕾，主次分明，层次清晰，写实花卉与图案型花卉兼而有之。

锦纹 瓷器装饰典型纹样之一，多采用织锦和建筑彩绘作为装饰图案。因其常被用作辅助纹饰，起地纹作用，故又称“锦地纹”。于其上再绘花卉纹者，称锦地花，又称锦上添花，蕴含吉祥寓意。锦纹图案常以各种图形连续构成，其构图繁密规整，华丽精致。

元代雕漆中喜用的花卉有牡丹、山茶、芙蓉、秋葵、梅花、桃花、栀子花和菊花。这8种花卉中既有单独表现的，如剔红栀子花盘；也有几种花卉施于一器之上的，如剔红花卉纹尊。

如元剔黑花卉鸟纹莲式盘，直径40.6厘米，剔黑雕刻花卉鸟纹，雕工精湛，线条流畅，图案精美，想象丰富。盘沿仿莲花瓣形，设计巧妙，此盘是元代剔黑漆器制品中的代表作。

以山水、人物为主题的作品，一般刻有3种不同形式的锦纹，用以表现自然界中不同的空间。天空以窄而细长的单线刻画，类似并联的回文，犹如辽阔的天空点缀着朵朵白云；水面以流畅弯曲的线条组成，似流动不息的滚滚波涛；陆地由方格或斜方格作轮廓，格内刻八瓣形小花朵，似繁花遍地。

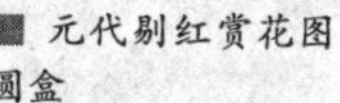

■ 元代剔红赏花图圆盒

这3种锦纹简称为

元代剔红东篱采菊图圆盒

剔犀 系漆器工艺。一般都是两种色漆，在胎骨上先用一种颜色漆刷若干道，积成一个厚度，再换另一种颜色漆刷若干道，有规律地使两种色层达到一定厚度，然后用刀以45度角雕刻出不同的图案。由于在刀口的断面显露出不同颜色的漆层，与犀牛角横断面层层环绕的肌理效果极其相似，故得名“剔犀”。

天锦、水锦、地锦。在不同的空间背景下，刻画出树木、殿阁、人物。例如，东篱采菊、曳杖观瀑、闲情赏花、莲塘观景等，用以表现超凡脱俗的文人士大夫形象。

以花鸟题材为主题的作品，用黄色素漆为地，不刻锦纹，在盘内或盖面雕刻各种花卉。花丛之中双鸟或振翅欲飞，或对舞嬉戏，用以象征人间情侣成双成对。例如，绶带牡丹、绶带山茶、鹭鸶芙蓉、双鹤菊花等。

上海市青浦县元墓中发现的剔红东篱采菊图圆盒，堪称元代雕漆的代表作。

东晋隐士陶渊明有《饮酒》诗道：“采菊东篱下，幽然见南山”，该盒画面即表现这一诗境。

盒呈蔗段式，子母口，直壁，平盖，圈足。通体雕朱漆。

盒盖面锦地上雕远山近水，苍松虬曲，一雅士手摇羽扇倚松前望，身前小童引路，身后菊花盛开，苍松之上祥云环绕。外壁素地上环雕栀子花、茶花、菊花等花卉。内壁、盖里及底均髹黑漆。

元代的剔犀作品较少，只有安徽省张成造剔犀云纹盒及北京的剔犀云纹圆盘。元代剔犀作品具有粗犷豪放的风格，纹饰简单质朴而刚劲有力。

元代的漆器制作，官方和民间并存。官办作坊主要是油漆局，据《元史》载，世祖之初，政府设油漆局，配备提领五员，同提领、副提领各一员，掌管两都宫殿髹漆之工。至元年间，油漆局属工部掌管，并配备大使、副使各一员。

江南一带是元代漆器的制作中心，以剔红、剔黑、剔犀、戗金、戗银髹漆制品为特色。在浙江省嘉兴、江西省庐陵，涌现出张成、杨茂、张敏德、彭君宝等一批髹漆能手。他们成为元代制漆最为杰出的

■ 元代剔红漆盒

代表人物。另外福州、苏州、杭州也制作漆器。

张成是浙江省嘉兴西塘杨汇人，以擅长剔红闻名。张成的作品以髹漆肥厚、雕刻精细而著称，其题材有山水、人物、花鸟等。

张成的漆器作品国内仅存3件：剔犀云纹盒、剔红曳杖观瀑图盒和剔红栀子花盘。如剔犀云纹盒，圆形，直径4.8厘米，高6.2厘米，平顶，平底。木胎上用朱、黑色漆分层相间髹饰约百道。盖面及器壁均雕如意形云纹3组，盒底黑漆，内缘左侧针划“张成造”3字款。

这件剔犀盒器形古朴高雅，髹漆肥厚，漆色黝黑光亮，刀口断层处露出有规律地朱漆3层，雕刻深峻，器物表面光滑莹润，线条委婉流畅，风格浑厚质朴，令人叹为观止。

杨茂与张成齐名，又同为乡里，两人均为元代雕漆名家。杨茂的传世作品在国内只有3件，即剔红花卉纹尊和剔红观瀑图八方盘以及剔红梅花纹盘。

剔红花卉纹尊，口径12.8厘米，高9.5厘米，撇口，短颈，鼓腹、矮圈足，又称“渣斗”。该尊口内外均髹朱漆，颈部有弦纹一周，将颈与腹分开，通体黄漆素地上雕朱漆花纹，口内雕桃花4朵，颈部雕菊花、栀子花和百合花等，腹部雕茶花、牡丹、百合等。足内髹褐色漆，内缘左侧针划“杨茂造”3字款。

元剔红花卉纹尊

此尊造型敦实，线条柔和，集四季花卉于一器之上，似百花争艳。全尊漆色似枣红，髹漆较之张成的作品稍薄，花纹疏密有致，雕刻技艺娴熟，花叶边缘之处磨制精美。

元代剔红观瀑图八方盘

剔红观瀑图八方盘，盘径17.8厘米，高2.7厘米，盘为八方形，随形置矮圈足。盘内外朱漆。盘内八方形开光，曲栏内设亭阁。亭前树石相依，古松斜插高过屋脊，枝杈纵横，苍劲有力。

图案下面雕刻天、地、水3种不同的锦纹。盘内外壁为黄漆素地雕刻俯仰花卉，有茶花、栀子花、牡丹、蔷薇。盘底髹黑漆，正上方有后世所刻的戗金楷书款“大明宣德年制”楷书款，左侧隐约有“杨茂造”3字针划款。此盘造型规矩，漆质红润鲜亮，雕刻一丝不苟。其中房屋、门窗横平竖直，井然有序，人物洒脱、飘逸、脱俗，花草的叶脉纹理清晰逼真，宛如一幅立体画卷。

阅读链接

元代“软螺钿”工艺品种选用的螺钿片逐渐向薄而透明的方向发展，如黄大成《髹饰录》中有所谓“壳片古者厚而今者渐薄也”。软螺钿的出现，使漆器的品种更加丰富多彩。

1966年，在北京元代遗址中发现一件直径约37厘米软螺钿漆盘，盘心用螺片嵌成一幅以广寒宫为背景的嫦娥奔月图，漆盘虽已残破，但林木蓊郁，楼阁重叠，色彩绚丽，极为精美。

扬州软螺钿工艺的出现，代表着镶嵌技艺的极大提高，同时也为明代精湛的点螺漆器的产生打下了基础。

实用而普及的明代漆器

从明代的建筑及室内用具来看，宫廷装饰及器用不啻一座大型髹漆工艺馆。明代礼仪中所用大辂乘舆、仪仗皆有装饰。宫廷建筑装饰，朱门金钉，金龙画彩，殿内宝座、围屏金漆装饰等，都显示着髹漆工艺的水平。

与此同时，民间床榻家具雕花贴金，商店匾额金碧辉煌，棺材灵柩髹黑画彩、雕花饰金。全国各地的庙宇也都离不了华丽装饰的髹金额匾，凡此种种，都显示了髹漆工艺在明代的普及。生漆应用之广，漆器生产之盛，前所未有。

明代剔红云龙纹盒

明代漆工艺的活

跃与明王室对漆器的推崇与重视有着直接关系。为了满足宫廷内外对生漆工艺品需求，还专门设立了生产制作御用漆器的官办机构。

■ 明代漆器高士人物盖盒

宫廷内官监下设"油漆作"，御用监所属"漆作"都承做漆工活计，专门负责围屏、摆设、造办填漆、雕漆、螺钿等漆器。内府供用库还特设丁字库，常储生漆、桐油等物。

明代的第三位皇帝朱棣对雕漆情有独钟，不但自己珍赏，而且先后数次将雕漆作为贵重礼品颁赐给日本国王妃，总计近百余件精美的雕漆盘、盒。

由于漆器手工业的发展，明代用漆之多前所未有，生漆需求量剧增，官府和民间都很重视漆林经营。原先盛产漆的长江中上游各省，漆产量大增，长江下游的南京，也新建漆园，种植漆树千万株，以供需求。

据《古今图书集成》《福建新通志》等书记载，在明清时期，西起我国云南西部，东至辽宁东部，南起海南岛，北至辽宁北部，都有漆树生长。

明代漆器的品种，在宋元漆器发展的基础上得到了突飞猛进的发展。明代漆器最为发达、制作量最多的是雕漆，其次是戗金彩漆、戗金漆、描金漆、填

贴金 一种古老的技艺，是中华民族民间传统工艺的瑰宝，5000多年前新石器时代中的青铜器上就出现了用黄金薄片的贴饰，到了3000多年前的商代，我国贴金技术日臻成熟，且广泛用于皇宫贵族或佛像寺庙的贴饰，以表现其富丽堂皇或尊贵庄重。

■ 明代剔红楼阁人物图圆盘

漆、螺钿漆、百宝嵌、款彩漆等。

明早期漆器指的是洪武、永乐、宣德三朝制作的漆器。山东省邹县鲁荒王朱檀墓中的漆器反映了明初漆器制作的水平。朱檀是朱元璋之子，这批漆器极有可能是皇家御用监所造。

明初的漆器至少有戗金漆和雕漆两类。其装饰图案中主体纹饰有人物故事、宝相花、太平雀栀子花、太平雀葵花、苍头石榴花、牡丹花、石榴花、山鸡葵花、鹦鹉长寿花、山雀茶花、竹梅，边饰有香草、四季花、回纹等。

黑漆嵌螺钿《仲景行医图》鼓式盒是元明之际黑漆嵌螺器代表作。盒鼓式，平盖面，圈足。通体髹黑漆为地，以螺钿嵌纹饰。

盖面苍松映掩，祥云缭绕，医圣张仲景身穿官服乘牛车而至，4人作揖迎接，牧童牵牛旁观。盖、盒壁嵌乳钉纹各一道，上、下口缘饰缠枝莲纹。盒里髹朱漆，足圈内髹黑漆。此盒钿色艳丽，五彩斑斓，人物刻画细腻生动，工艺精湛。

明永乐漆器以剔红居多，也有少量的戗金漆和戗金彩漆，如红漆戗金八宝纹经文挟板。

永乐雕漆以盘、盒为主，兼有盖碗、盏托、尊、

宝相花 我国传统装饰纹样之一，又称“宝仙花”“宝花花”。一般以牡丹、莲花等花卉为主体，中间镶嵌着形状不同、大小粗细有别的其他花叶。尤其在花蕊和花瓣基部，用圆珠作规则排列，像闪闪发光的宝珠，加以多层次褪晕色，显得富丽、珍贵，故名“宝相花”。

小瓶、踏凳等，器形变化较少。明永乐漆盘是一种圆形盘，浅式，圈足，盘表面为一整体，没有盘心与盘边之别，所装饰图案给人以整体感，这种造型的盘以装饰花卉为主。

另一种盘的造型为盘边呈葵瓣状或菱花状，8瓣、10瓣不等，盘内与盘边装饰的内容不同，盘内多以山水人物为主，而盘边多雕刻各种各样的花卉。

如剔黑山水人物方盘，长26.6厘米、宽26.2厘米，方盘四边雕刻折枝花卉，正中心雕刻人物，形态自然；山石皴法细腻，结构严谨，色调明快，刀法锐利、纤细。

永乐雕漆装饰图案以花卉、山水、人物为主，图案的处理具有一定的规范化。以花卉为主题的作品，一般雕刻在圆盘、蔗段式盒、蒸饼式盒上。

其图案的处理手法为在盘内或盒面布满盛开的大朵花卉，四周枝繁叶茂，或衬托着含苞待放的小花蕾，花朵饱满，画面具有完美的整体感。

明代彩漆盒

明代剔红万寿长方盒

花朵以奇数布局，有3朵、5朵、7朵之分。3朵均匀分布，5朵、7朵者，以正中为一朵稍大型的花卉，四周均匀地摆设着4朵或6朵稍小的花卉，似众星捧月，突出主题。以花卉为题材的雕漆，花卉之下一般不刻锦纹，而以黄漆为地，黄衬红色，鲜明醒目。

永乐雕漆，花卉满布，留下的黄色地较小，有紧密之感。明永乐雕漆常用的花卉有牡丹、茶花、石榴、芙蓉、菊花、莲花等。

永乐时还出现了双层花卉的雕漆作品，即在漆盘内上下雕刻两层花卉，如剔红牡丹双层盘、剔红茶花双层盘，上、下两层花纹自成体系，互不干扰，又互相映衬，章法有致，画面富丽，耐人寻味，充分反映了明永乐时期工匠的高超技艺。

以山水、人物为主题的作品，一般雕刻在葵瓣式盘、蔗段式盒上。其图案的处理手法为在盘内或盒面上雕刻人物故事，图案下衬托分别代表天、地、水的3种锦纹。

这3种锦纹与元代的处理手法相同，只是水纹的处理稍有变化。元代雕漆中的水纹有的似波浪滚滚，以弯曲的线条表现，仿佛水在不停地流动，而永乐时期的水纹基本固定为图案化的纹饰，以波折形线条表现。

在3种锦纹之上雕刻人物、亭阁。一般布局为图案的左侧或右侧雕刻一座亭阁，以曲栏围出一定的空间，阁后置古松或垂柳，天上点缀流云朵朵，人物活动其间。

或携琴访友，或闲暇赏瀑，或高谈阔论，或五老相聚。多数反映的是文人士大夫清净、悠闲的生活。人物比例的雕刻偏于高大，以突出人物的重要。

如剔红《携琴访友图》莲瓣式盘，高4.5厘米，口径45.6厘米。盘平底，八瓣莲花形边，随形圈足。盘心雕庭院景致，殿阁曲栏，长松浮云，院中二老相揖，一童携琴随后，殿内有人迎迓，此为《携琴访友图》。

盘内外壁黄素漆地，分瓣雕饰多种花卉。足内黄褐色漆，一侧针划“大明永乐年制”6字款，中心又刻“甜食房”3字。

此盘造型如一朵盛开的大花，美观典雅。主题图案反映了当时文人的生活情趣。盘上髹漆厚重，雕刻精细，锦纹主次分明，一丝不苟，为明永乐朝官造雕漆之典型作品。

除了雕刻花卉、山水、人物图案，明永乐时期的装饰题材尚有孔雀牡丹、云龙纹、云凤纹、灵芝螭纹等。

如剔红祝寿图菱花式盘，口径34.8厘米，足径27厘米，高43厘米，木胎，作八瓣菱花形，圈足，下背雕红漆花纹。盘心开圆光，内松、桃、鹤、鹿、仙人祝寿图意。壁内外纹饰相同，每瓣雕素地宝相花两朵。足边饰回纹，底黑光漆。

永乐 即明成祖朱棣的年号。公元1403年至1424年，前后共历经22年。永乐年间，定都北京、郑和下西洋、编修中国古代类书之冠的《永乐大典》等重大历史事件都发生在这一时期。期间，经济社会得到进一步巩固和发展，全国统一形势也得到进一步巩固。

■ 明代剔红祝寿图菱花式盘

■ 明剔红龙鹤纹盒

永乐雕漆的底，一般以黄褐色、黑色居多。款识在底内缘处竖刻“大明永乐年制”针划款，字体秀气，笔道纤细，似行书。在雕漆底部刻有明确的年号款识，以明永乐为开端。

永乐雕漆在制造技法和工艺上具有鲜明的时代特征。这时的作品一般髹漆层次较厚，少有几十道，多则上百道，与文献记载的“漆朱三十六遍为足”有明显的差异。继承了元代张成、杨茂的风格，精雕细刻，藏锋清楚，隐起圆滑，细微之处处理得精细而又恰到好处。

例如，花纹枝叶的脉理清晰而逼真，以不同的雕刻方法来表现枝叶的正背，花筋叶脉被处理得细腻入微，雕刻刀法娴熟流畅，图案的边缘磨得圆润光滑，不露棱角和刀刻痕迹。

如剔黑花鸟葵瓣式盘，口径31.3厘米，足径22.6厘米，高3.8厘米，葵口，圈足，盘内雕双鹊牡丹，壁背面雕香草纹。此盘雕工精细，图案凹凸有致，叶脉清晰，为明初期雕漆工艺中上乘之作。

明宣德皇帝在位10年，宣德漆器品种有剔红、戗金彩漆等品种。明宣德雕漆的造型，盘有圆形、方形、荷叶式、菱花形，盒有蔗段式、蒸饼式、两撞委角方盒，另外还有盏托等。

开光 又称开窗，为瓷器装饰构图方式之一。即在器物的显著部位以线条勾勒出圆形、方形等形状的框架，框内绘各种图案，起到突出主题纹饰的作用。这种装饰方法如同古建筑上开窗见光，故名。南宋吉州窑、金代耀州窑及金、元磁州窑等瓷器上普遍采用开光装饰。元、明、清景德镇瓷器上大量运用开光技法装饰画面。开光装饰技法使器物更具有整体性、连续变化的美感。

其装饰题材与明永乐时期基本相同，有花卉、云龙、云螭、山水、人物等。图案的处理出现了“开光”技巧。在盒盖上或盘内以莲瓣式、葵瓣式、圆形作为开光，开光内装饰一种纹饰，开光外装饰另一种纹饰。

开光一方面能突出主题，另一方面也能把两种不同的纹饰分隔开来，同时也可以起到美化画面的艺术效果。这种方法在明、清漆器图案中常被运用。

如宣德剔红菊花纹圆盒，直径12.2厘米，盒为圆形，周身髹朱漆。盖面雕一簇9朵菊花纹，菊花盛开，枝叶茂盛，外壁雕菊花、牡丹及秋葵等花卉，内里与盒底髹深褐色漆，足内左侧边沿刀刻填金落“大明宣德年制”楷书款。圆盒髹漆深厚，雕刻圆润，刀法流畅，保存完好，为明代剔红器之精品，极为珍贵。

明宣德漆器的款识处理方法与明永乐时期截然不同，改明永乐针划款为明宣德楷书填金款，在底部左侧竖刻“大明宣德年制”。少数在盖上刻款。明宣德刀刻填金款成为明、清漆器款识处理的典范。

宣德以后，明漆器开始从简练、朴实、大方的风格向纤巧细腻转变。这个时期的漆器品种有剔红、剔黑、剔彩、戗金漆等。明中期漆器以云南、甘肃制作的地方漆器较为突出。

明代剔红八仙祝寿葵瓣式盒

这一时期的作品造型较之早期单调、划一的特点有明显变化，出现了梅瓶、四方委角盒、八方形捧盒、提匣、笔筒、方盒、方盘、大型的长方匣、长方盒、扁壶、高足碗、棋子盒等。这

喜鹊登梅 我国传统的吉祥图案之一，由于喜鹊叫声婉转，在民间将喜鹊作为吉祥的象征，象征好运与福气；梅，古代又称为“报春花”，传说梅具有四德，象征五福，即快乐、幸福、长寿、顺利与和平。“喜鹊登梅”则喜报春光，故常以此吉祥征兆作为漆雕的题材。

说明漆器的使用范围越来越大，实用性和观赏性已完美地结合在一起。

明中期漆器的装饰图案更为丰富多彩。在以花卉为题材的作品方面，较之明早期果园厂那种整朵大型花卉为主题的装饰图案日趋减少，取而代之的是折枝花卉及花鸟题材的增多，如鸳鸯荷花、喜鹊登梅、绶带牡丹、茶花小鸟、芦雁等。

如宣德剔彩檎双鹂大捧盒，高20厘米，盒径44厘米，是最早的剔彩漆器。盒呈圆形，上收成平顶，矮圈足。通体自下而上髹漆颜色为：红、黄、绿、红、黑、黄、绿、黑、黄、红、黄、绿、红共13层之多。

盒盖圆形开光，以红漆刻成斜方形锦纹为地，其上雕刻林檎树一株，黄鹂鸟两只，一在枝前，侧身昂首，一在枝下，回身欲下，两相呼应，林檎枝头，有花有果，另外刻蜻蜓、蝴蝶各一只，点缀其间。盒盖开光外与盒底邻近底足的一圈，雕刻有缠枝花果纹，由石榴、葡萄、樱桃组成。

■ 明代剔黑牡丹纹圆盒

盒盖与器的竖壁雕刻缠枝花卉有牡丹、茶花、栀子花、菊花等，四周花果纹均无锦纹作地，而是以黄漆为地，在盖面正上方长方形条上刀刻“大明宣德年制”填金楷书款。此器器形大而庄

■ 明代剔彩双龙戏珠纹长方盒

重；色彩丰富，斑斓绚丽；纹饰活泼，富于生命力，仿佛呼之欲出。

以人物为题材的作品则不拘于早期那种携琴访友、观瀑的题材，而以历史故事为主。例如，五老过关、牧牛、文会、渭水访贤、携友秋游、渔家乐、采药、滕王阁、雀屏中选、郭子仪故事、岳阳楼、八仙人物、婴戏等。

郭子仪（697年—781年），中唐名将，汉族，华州郑县人，祖籍山西汾阳。他以武举高第入仕从军，累迁至九原太守、朔方节度右兵马使。他戎马一生，屡建奇功，大唐因而获得安宁达20多年，史称“权倾天下而朝不忌，功盖一代而主不疑”，举国上下，享有崇高的威望和声誉。

明中期漆器的雕刻风格有的保持了早期磨工圆润、藏锋清楚的特点，而有的作品则出现了锋棱不够圆熟的特征。这说明了处于过渡时期的作品兼而有之的风格变化。

此时，雕漆一般髹漆不厚，与早期那种髹漆层次厚、立体效果较好的风格略有不同。另外，无论是花卉题材或人物故事题材的作品均刻有锦纹，早期黄漆素地之上压花的做法几乎荡然无存，从而形成了锦上添花的表现手法。

云南也是明中期制作漆器的重要地区。云南漆器

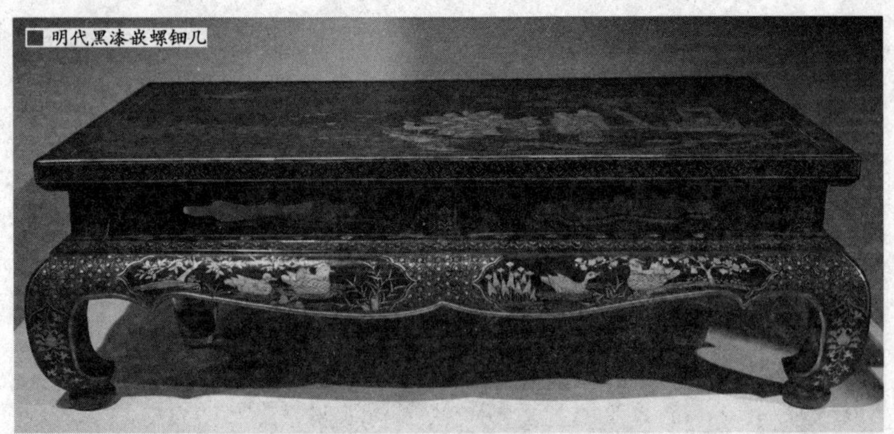
明代黑漆嵌螺钿几

一般髹漆较薄，漆色暗，无光泽，构图紧密，有繁缛之感。其造型有扁圆形盒、圆盘、双耳扁壶、高足碗、棋子盒、碗等。

云南漆器雕刻的图案不拘泥于一种形式，丰富多彩，具有浓厚的地方特色。图案中点缀有栩栩如生的螳螂、蜜蜂、游鱼、蚂蚱、蛇、蛙等多种小生物，还有象征长寿的盘肠、灵芝，象征幸福的孔雀牡丹和活泼可爱的双狮戏球，传说中的麒麟、翼龙、双螭、草尾龙等。这些图案具有明显的地方特色。

经过明中期80多年的发展，到明世宗嘉靖时期，漆器工艺出现了新的局面。这就是官办作坊继续大量制作漆器，具有宫廷风格的漆器制作重新占据统治地位。

明中期漆器风格经过近百年变化，从早期简练大方、圆润精致的风格演为崇尚纤巧华丽、繁缛细腻的新风格；漆器的使用范围扩大，出现了箱、柜、桌等新的漆器造型；漆器品种增加，除了剔红、剔彩，戗金彩漆亦大量制作，漆艺发展进入了一个新的时期。

明嘉靖时期的漆器品种主要有剔红、剔彩、戗金彩漆。传世的明嘉靖漆器仍以剔红器居多。这一时期出现了大量以绿漆为锦地，其上雕红漆的作品。红绿两色醒目，对比强烈，起到了突出主题的效果。

嘉靖时期的雕漆基本上有两种风格：一种雕刻精细，刀法快利，锋棱虽显外露，但仍保持有明早期漆器那种圆润光滑的特征；另一种为雕刻不精，有粗糙之感，漆色亦不佳，不善藏锋，虽有磨工，但不圆润。

剔彩自明宣德时期出现以后，到了明嘉靖时期呈现出大规模发展的局面，传世品较多。嘉靖剔彩主要以红、黄、绿三色交替，每色有相当的漆层。

器物表面呈现出红、黄、绿三色，一般是红花、绿叶。若双龙则以红、黄区分，以红色漆为龙鳍，以黄色为龙身，以绿色为龙发，似剪影式的效果；若凤纹则以红、黄、绿来表现其飞翅及长尾，3种颜色的变换，化为美丽的羽毛，多姿多彩；若表现童子，则以红、绿二色分饰衣、裤，以展现儿童的天真、活泼。

嘉靖时的剔彩的戗金彩漆造型有银锭式、梅花式、菊瓣式、方胜式等，制作工艺十分精致。以戗金为图案的轮廓线及叶脉纹理，在轮廓线内填以红、黄、绿等色漆，纹饰磨平后具有绘画般的效果。

有一种戗金彩漆，先以填漆做成锦纹地，再戗金花纹，做法费工费时，但却使器物有锦上添花之妙。还有一种特殊的戗金彩漆作品，其花纹之外既不是一色漆地，也不是锦纹地，而是密密麻麻的小圆圈纹，这种小圈纹被称为“攒犀”。

明代龙纹大盖盒

嘉靖时期器物的造型有所突破，出现了许多新的器形。盘类器物除了圆盘居多，亦有仿明早期的葵瓣盘、明中期的委角方盘，同时出现了六瓣盘、梅花式

明代松鼠纹竹漆盒

盘、银锭式盘、茨茹式盘、荷叶式盘、菊瓣式盘以及由大小3个盘依次套叠的套盘。

这时，除了明早期的“蔗段式”和明中期的“捧盒”外，新出现了钵式盒、寿字盒、银锭式盒、方胜式盒、梅花式盒等。此外，还出现了瓜棱壶、柜、笔筒、小桌、八方斗、春字盒、把镜等新的造型。

明代漆器中刻有年款的以永乐、宣德、嘉靖、万历最多，也有少量的隆庆、崇祯款识。明嘉靖漆器的款识为刀刻填金楷书款，款识的位置均在器物底部正中。“大明嘉靖年制”6字款有3种形式，即底部正中竖刻款、从右至左横刻款、竖两行刻款。

由于嘉靖皇帝信奉道教，所以明嘉靖时期漆器的装饰题材大多以长生不老、升仙、万寿为主题，如五老祝寿图、群仙祝寿图以及表现仙山楼阁的题材等。

尤其是出现了以文字组成的图案。例如，以松、竹、梅缠绕组成“福、禄、寿”3字；以“福”字为漆盘的装饰；雕3个寿桃，每桃上雕一字，组成“福、禄、寿”；以开光的形式，在器物上组成文字“皇图亿载，圣寿万年”和“乾坤清泰，万寿齐天”以及“万年长生”“万年如意”“万寿永年”等。

寿春图是这个时期典型的装饰题材，春字盒有剔红、剔彩两种，在盖面开光内雕聚宝盆，盆内装有盘肠、珊瑚枝、银锭、古钱、犀角、火珠等，盆中升起霞光万道，似熊熊火焰，火焰之上压一个

“春”字，春字中圆形开光内雕老寿星。

如嘉靖剔红五老祝寿图圆盒，高12厘米，口径24.4厘米。盒圆形，平盖面。通体绿漆刻云纹锦地，朱漆雕花纹图案。

盖面饰松云山石，五仙人分持桃实、花杖、葫芦、卷轴、灵芝，从灵芝中升起一缕轻烟，向上蟠绕成草书“寿”字，为群仙祝寿之意。盖、器外壁分别雕云龙纹和海水云纹。足内正中刀刻填金楷书“大明嘉靖年制”竖行6字款。

此盒雕刻精细，刀法快利，锋棱显露，人物表情生动，衣纹飘动流畅，艺术风格纤巧细腻，为明嘉靖朝雕漆的代表作品。

此外，寓意长寿的松树、仙鹤、灵芝、寿桃等也常常作为装饰题材八卦图、麒麟、狮子、海马、大象、杂宝也是装饰题材的一部分。

与上述升仙、长生题材截然不同，还有少数具有民间艺术风格的“龙舟竞渡”“货郎图”和“婴戏图”。龙纹仍然是这一时期漆器装饰的主要题材。

明嘉靖时期漆器的锦纹表现形式也有较大变化，突破了明早期的3种锦纹形式，出现了“万字锦”“勾云锦”等。有的雕刻出五六种锦纹，锦纹的比例较大，形成风格。

明万历时期漆器的生产制作较活跃，官办漆器作坊仍占据主要地位，漆器品种日渐丰富。除了剔红、剔彩、戗金彩漆仍继续制作，还出现了剔黄、描金漆、填漆等新的漆器品种，

明代花卉云鹤纹漆盒

晏子（前578年—前500年），名婴，字平仲，史称“晏平仲”。春秋时期齐国的大夫，著名的政治家和外交家，有政治远见和外交才能，作风朴素闻名诸侯。他爱国忧民，敢于直谏，在诸侯和百姓中享有极高的声誉。他博闻强识，善于辞令，主张以礼治国，曾力谏齐景公轻赋省刑。

使漆器装饰变得更加丰富多彩。

明万历雕漆有剔红、剔彩、剔黄3个品种，在造型、图案、款识等方面形成了有别于其他时期的风格与特点。在器物造型方面，仍以盘、盒为主，兼有小柜、炉、花觚、瓶、笔筒等，并出现了长方委角盒这一新的造型。

在装饰图案方面，嘉靖时期追求升仙、长寿的题材不见了，取而代之的是双龙、龙凤、祥云、海水江崖为主题的图案，并出现了祈求吉祥、太平的吉祥图案，也有少数表现人物、花鸟的题材，如剔彩《晏子使楚》漆盘、剔彩花鸟纹盒等。

对锦纹的处理也较为独特，比例紧凑，细密整齐，明万历前后均无此特征。

在漆器品种方面，以剔红、剔彩最多，且出现了少量的剔黄作品。描金是漆器制作工艺中的一个品种。

描金彩漆是“描金”加上“描彩漆”的做法，使一器具备两种漆工艺，画面绚丽多彩，富有装饰趣

■ 明代戗金彩漆盒

明代金彩绘插屏

味。明万历时期的描金彩漆作品有圆盒、长方形墨盒，均以红漆为地描饰花纹。描金彩漆山水人物大圆盒是其代表作。

明晚期雕漆的制作和宫廷制作为主，兼有民间制品。明晚期雕漆以长方盒、高足碗、小碗居多。明晚期剔犀漆器有黑面、朱面两种，器形有小圆盒、两层盒、圆盘、花形盘、盏托、执壶等。

明代嵌螺钿工艺仍继续使用。明晚期出现了一位镶嵌工艺名家江千里，系明末扬州人，以制螺钿漆器出名。当时曾有“家家杯盘江千里”之说。

阅读链接

漆器的款彩是在漆地上刻凹下去的花纹，再填色漆或油以及金或银，俗称“刻灰”或“大雕填”。款彩漆器一般胎子不宜太厚，以黑漆为地，先画出花纹轮廓，把轮廓以内的漆剔去，再填以各色漆，纹饰有的略高于漆地，而有的则略低于漆地，有凹陷之感。

填漆的方法有两种：一种是在漆地上直接镂刻出低陷的花纹，另一种是在漆地上先用稠漆堆起阳文轮廓。前者用得较多。填漆梵文缠枝莲纹盒是典型的明代填漆作品。此外，还有长方形梵文盒、长方形双凤盒等。

集历代之大成的清代漆器

刷金漆座屏

清王朝在康、雍、乾三朝的工艺美术品，如玻璃器、瓷器、珐琅器、金银器、玉器、漆器等，无不制作精美，装饰华丽，体现了清代“康乾盛世”的气魄和时代特点。

仅就漆器而言，在清朝康、雍、乾时期进入漆器发展的黄金时期。最能代表清代漆器制作水平的是清官造办处制作的漆器，其中，清代制作的一色漆器有朱漆、黑漆和金漆等。

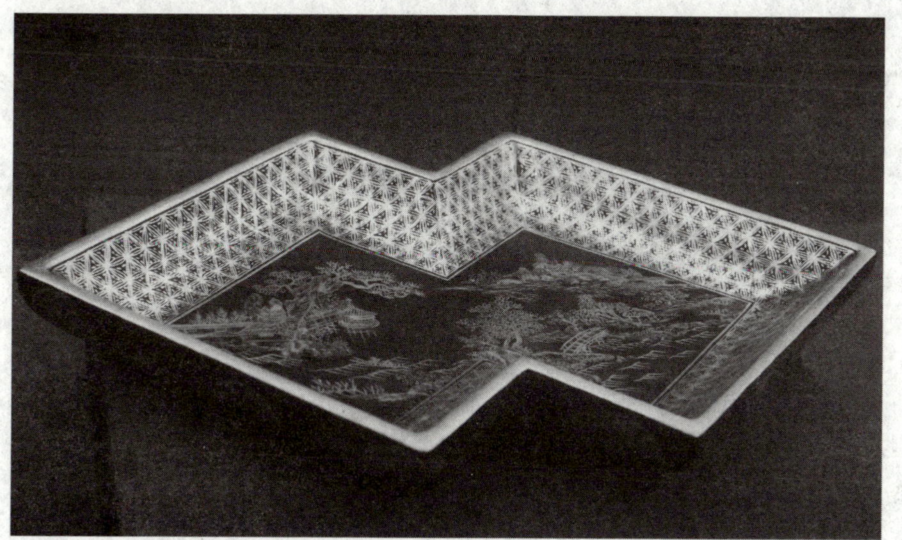

■ 描金方胜盘

黑漆与朱漆是漆工艺中最常用的装饰手法，也是漆工艺中制作最多、最普及的品种。

黑漆与朱漆是伴随着漆工艺的产生而出现的，清代继承了这一具有几千年历史的传统工艺，制作了许多黑漆与朱漆的器物。

清代制作的黑漆与朱漆器以具有实用价值的器物居多，黑漆有圆腿书桌、条桌、膳案、香几、砚盒、捧盒、笔管等；朱漆的有书桌、痰盂、香盒、捧盒等。

这一类漆器虽无任何装饰与花纹，却以其优美的造型和纯正的漆色取胜。其中清乾隆年间制作的脱胎朱漆盘、盖碗、盒，是朱漆中的代表作。

金漆就是在器物上贴金的做法。贴金的方法有贴金、上金、泥金。清代以金漆制成的漆器最著名的就是陈设在太和殿象征皇权威严、神圣的金漆龙纹宝座、屏风等作品。在清代以金漆为地的漆器制

太和殿 俗称“金銮殿”，1420年建成，称奉天殿。1562年改称皇极殿。1645年改为太和殿。建成后屡遭焚毁，多次重建，今殿为1695年重建后的形制。故宫太和殿为我国现存最大木构架建筑之一，太和殿匾额“建极绥猷”匾，为乾隆皇帝的御笔。

作较多，其上又加其他的装饰工艺，如描金、描银、描漆等。

描金漆有黑漆描金与朱漆描金两种。属于清早期的描金漆器较少，雍正、乾隆时期曾制作了大量的描金漆器。

乾隆时期的描金漆器不仅数量多、器物造型变化多，而且黑漆描金、朱漆描金兼而有之，也有少数的紫漆描金、罩金漆等。

罩金漆应称为“描金罩漆”，一般是在描金花纹上再罩一层透明漆，仍可看到描金花纹。这种技法在明晚期漆器中已有，以盘居多。

清代继承了这一髹漆传统，制作的器物仍然以盘为主，描绘山水景色，或花卉配以诗句。罩金漆既保护器物的金色不被磨损，又使花纹区别于描金，别具特色。

如乾隆黑漆描金开光方胜式盒，长36.7厘米，宽19厘米，高3.7厘米，双方胜形。通体黑漆地，施彩金象描金及洒金地花纹。双盘心均随形开光，内绘山水人物、亭台楼榭景色，盘边饰花卉锦纹。

盘外绘菊花、石竺、梅花、牡丹、兰花等团花纹。盘底髹黑光漆，描金折枝花卉，描红漆纹理，用笔简练，花纹工整秀丽。外底中心有双方圈楷书描金“乾隆年制”双行款。

在描饰类漆器中，除了描金，还有描漆与描油。描漆是早期漆器中最常使用的漆工艺，即在光素的漆地上用各种色漆绘出花纹的做

■ 清代剔红飞龙宴盒

■ 清代剔红飞龙宴盒盖

法，又称“彩漆”“描彩漆”。

清代漆器中具有清早期风格的描彩漆有牡丹纹长方几。清雍正时期的描彩漆作品较多。清乾隆时期描彩漆制品相对减少，带有款识的作品较少。

漆画也是描漆的一种，只是色彩更为单纯、更为写意。它是用一种颜色漆在漆地上描绘花纹，再用黑漆、金漆或其他色漆勾描纹理。

描油是以油代漆，在漆器上画出花纹的做法。描油与描漆的不同处是描油可以调制出任何颜色，色彩变化多，纹饰绚丽多彩。

描金彩漆是描金与描彩漆两种漆工艺的合称。清代漆器的特点之一就是多种漆工艺的综合运用，即在一件器物上应用两种或两种以上的漆工艺。

清代的描金彩漆作品数量比较多，造型丰富多彩，有实用品和观赏品两大类。一般均以描金勾勒纹

漆画 以天然大漆为主要材料的绘画，除漆之外，还有金、银、铅、锡以及蛋壳、贝壳、石片、木片等。它既是艺术品，又是实用装饰品，成为壁饰、屏风和壁画等的表现形式。漆画越来越走进人们日常生活中了，它增添了艺术感。

清代剔彩春寿捧盒

饰的轮廓及细部纹理，以彩漆描饰花纹，既金碧辉煌，又斑斓绚丽。用描金彩漆制成的漆器有盘、盒、杯、瓶、笔筒、几等。其中盘有葵瓣式、海棠式、菱花式，盒有万字盒、寿字盒、八角盒、葫芦盒、六瓣盒等。

戗金彩漆是“戗金”和“彩漆”两种工艺同时施于一器之上。戗金彩漆有两种：一种是“戗金填彩漆”，另一种是“戗金描彩漆”。

这两种方法制成的漆器在清代同时存在，都是用“戗金”勾勒出花纹图案的轮廓及枝叶的细部纹理。

清代最早的戗金彩漆是康熙时期的器物。其中有戗金云龙纹方几、戗金云龙纹炕桌和戗金云纹葵瓣式盘等。清康熙戗金彩漆作品有的直接在漆地上饰花纹，有的则做成填漆锦纹地，在锦地之上再饰以花纹。它们在制作工艺上虽有繁简之别，但从器物的装饰效果看，当以后者更佳，似“锦上添花”。

清乾隆时期的戗金彩漆器物造型丰富，装饰富丽堂皇，并在器物底部依据所饰图案的内容为器物定名。例如，双凤长盒、吉祥圆盘、八仙长盒、鹤鹿长盒、瑞草圆盒、如意宫盒、双喜方盒、菱花凤盒、海棠仙盒、万福凤盘等。从其所定器物之名可以看出，大多是与长寿、祝福有关的吉祥图案。

此外，还有戗金彩漆寿春盘、银锭式盒、鱼式盒、桃式盒、云龙菊瓣盒、六瓣式盘等，均以其奇特的造型和富于变化的图案取得了形式和内容的协调统一。这类制作讲究的工艺品是清乾隆以后漆器工艺无法企及的。

清代的嵌螺钿工艺在继承明代传统的基础上有了长足发展。嵌螺钿漆器的数量增多，造型丰富。既有大件的家具，也有小件的盘碗；既有嵌厚螺钿的，也有嵌薄螺钿，并出现了鲜艳的衬色螺钿。

清代的嵌螺钿漆器有纯嵌螺钿的，也有与其他工艺如描金、彩漆等相结合的。

清代嵌螺钿漆器中最早始于清康熙时期，其中黑漆嵌螺钿平头案、黑漆嵌螺钿龙纹箱、黑漆嵌螺钿书格、黑漆嵌螺钿职贡图盒，均

■ 清代剔红寿春宝盒

■ 清代填彩漆锦纹八角三层盒

是清早期嵌螺钿漆器的精品。

如康熙黑漆嵌五彩螺钿山水花卉书格，高223厘米，宽114厘米，纵57厘米。书格本为一对，楠木胎，方角，格4层，每层板下用3根穿带承托，最上层顶板穿带安在板上。最底层四足间加牙条、牙头。

书格周身髹黑退光漆，漆上以五彩螺钿和金、银片托嵌成136块66种不同的花纹图案，其中包括8种人物山水、22种花果草虫、36种锦纹，是至今所见装饰锦纹最多的实物书格四腿镶凿铜镀金筒状包角。

下面第二层中间穿带刻“大清康熙癸丑年制”款。做工精细，图案丰富，色彩绚美，特别是所嵌螺钿、金银片极薄。在狭小的面积上做出十几个单位的锦纹图案，显示出工匠极高的工艺技巧。

清代雕漆以乾隆时期制作的最多，有剔红、剔黄、剔彩、剔黑、剔犀等品种，雕漆作品的范围几乎涉及宫廷生活中的各个方面。

其中典章礼仪品有宝座、屏风、如意等；家具类有桌、椅、绣墩、几等；陈设品有瓶、花觚、尊、插屏、天球瓶、炉瓶盒等；文房用品有笔筒、成套文房用具、笔管、笔匣等，还有大量制作精美的珍玩。

如乾隆剔红《洗桐图》宝盒，高12厘米，口径29.6厘米，盒通体髹朱漆，盖面随形开光，内雕天、

绣墩 又称坐墩，因常有铺锦披绣的，故亦称“绣墩”。它是我国古董家具凳具家族中最富有个性的坐具，圆形，腹部大，上下小，其造型尤似古代的鼓，故又叫“鼓墩”。绣墩历史悠久，战国时成为妇女熏香取暖专用坐具。到了唐代，妇女坐具多作腰鼓式，至明清时，绣墩已成为一种坐具。

地、水锦纹为地，上压雕流云、山石、修竹、曲栏、梧桐，一老者端坐于院中，一童子侍立于后，另3个童子正在洗擦梧桐树。盒壁上下各五开光，分别雕牡丹、菊花、梅花、荷花、月季等花卉纹，开光外雕杂宝纹，口缘雕回纹。

盒内及底髹黑漆，盖内有填金“洗桐宝盒”器名款，底刻“大清乾隆年制”楷书款。

清乾隆年间，养心殿造办处仍设有“油漆作”，负责制作皇家使用的各种漆器用品。御用雕漆却不是在造办处制作的，而是在苏州制作的。清官档案中有明确的记载。

清代雕漆继承了明代嘉靖和万历时期的风格，不善藏锋，刀痕外露，虽有磨工，但远不如明早期那般圆润光滑。尽管如此，清代前期雕漆工艺在表现形式之丰富、雕刻之精细等方面仍然超越了前代，达到历史的峰巅。

如太和殿金漆云龙纹宝座，即皇帝穿朝服所坐的龙椅，通高172.5厘米，座高49厘米，宽158.5厘米。座前脚踏高30厘米。宝座有个“圈

故宫太和殿金漆龙椅

《羲之观鹅图》传说东晋大书法家王羲之生性喜鹅，有一个老妇人养了一只鹅，擅长鸣叫，王羲之要求买下来却没有得到，就带着亲友驾车前去观看。老妇人听说王羲之即将到来，就把鹅宰了煮好招待王羲之，王羲之为此叹息了一整天。

椅”式椅背，由金丝楠木制成，上面刻有形象生动的蟠龙。宝座“圈椅”由中间向两侧逐渐走低。靠背背板平雕阳文云龙。

整个宝座从上到下都有相应的花纹图案，共有13条金龙盘绕。整个宝座外髹金漆，显得金光灿烂，富丽堂皇，是紫禁城也是当时全国最大、最高档次的礼制用具。

清嘉庆雕漆有一件带有款识的《羲之观鹅图》笔筒，其刀法、图案风格均保持有清乾隆时期的特点。

观鹅图笔筒通高14.8厘米，口径10.2厘米。笔筒窄折边口，平底，附座。筒外壁压雕山水亭榭、人物树木。画面中清水一池，游鹅泛波，一老者坐于池畔榭中观看水中游鹅，小桥之上有两人行走，随行其后的童子怀中抱琴，是为携琴访友之意。

■ 清代象牙黑漆地描金花卉笔筒

景物虽多，但层次清晰，意境恬淡深远。器物上刻几种锦地以示不同的空间。底部髹黑漆，中心镌篆书“嘉庆年制”4字款。

此笔筒漆层较厚，雕刻刀法精密，棱线深峻有力，纹饰清晰醒目，色泽艳丽。其刀法及图案风格均保持着乾隆时期雕漆的一些特点。

此笔筒为现知唯一嘉庆款的雕漆作品，对于研究乾隆以后雕漆工艺的发展变化及嘉庆时雕漆的风格特征均极有价值。

■ 清代嵌螺钿人物圆盘

清嘉庆以后，雕漆工艺日趋衰落。清光绪时期技法失传，慈禧太后六十岁寿辰时令苏州承办漆器，唯雕漆一项无人能制作。

清代漆器的发展得到了皇帝的推崇，因此在宫内，漆器应用非常广泛，已经渗透到宫廷生活的每一个领域，各地官员也将漆器作为重要贡品进贡朝廷。

清代造办处集中了全国各地的能工巧匠，具有雄厚的物质基础。由于不惜工本，所以制作出的漆器华丽精美，代表了清代漆艺的最高水平，同时也体现了皇家的艺术风格及审美情趣。

如清黑漆嵌螺钿五子夺魁盒，高6.8厘米，口径16.8厘米，圆形，平顶。黑漆地嵌薄螺钿间贴金。盖面梧桐下，一妇人倚坐于石桌旁，观五子嬉戏庭前。盒内嵌白玉十二属相及册页“御制寿民诗”。

除了造办处，全国还有许多地方也制作了具有浓郁地方特色的漆器，如扬州的镶嵌漆器、福建的脱胎漆器、山西的款彩漆器、贵州的皮胎漆器等，还有苏州、杭州、四川、广东、北京等地也都制作了各具特

嘉庆 即清仁宗爱新觉罗·颙琰，原名永琰，清朝第七位皇帝，乾隆皇帝第十五子。1795年至1820年在位。他在位前四年是太上皇乾隆皇帝发号施令，并无实权。乾隆皇帝死后他才独掌大权。他惩治贪官和珅，肃清了吏治。他在位期间是世界工业革命兴起的时期，也是清朝由盛转衰的时期。

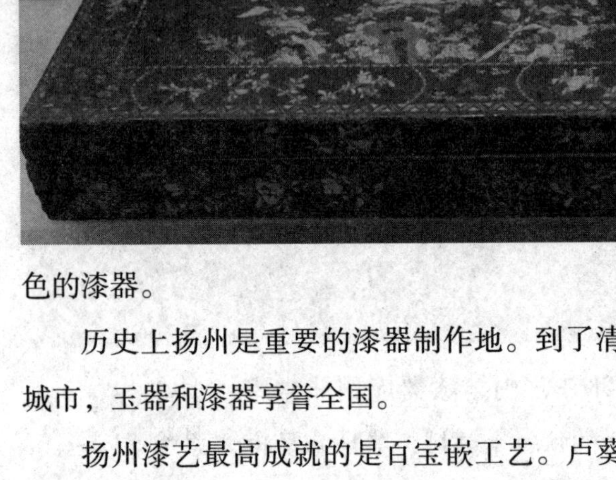
清代黑漆长方形盒

色的漆器。

历史上扬州是重要的漆器制作地。到了清代，扬州是著名的商业城市，玉器和漆器享誉全国。

扬州漆艺最高成就的是百宝嵌工艺。卢葵生便是扬州著名的髹漆艺人，精于百宝嵌工艺，卢氏作品以文房用品居多，如漆砚盒、漆壶、笔筒、果盒、套盒、臂搁、琵琶等。

清代的福建以制作脱胎漆和木雕金漆而著称。清乾隆中期著名髹漆艺人沈绍安掌握了髹漆技巧，领悟到我国泥塑佛像和夹纻造法，因而创造出别具一格的脱胎漆器。

沈氏所制漆器在调料时除用油料冲淡原漆外，主要以金粉、银粉作调和料，解决了一般漆色干后变为黝黑，难与其他鲜色颜料调和的困难，调配出许多前所未有的漆色，如珊瑚红、淡黄色、橘黄色、白色、苹果绿色、松绿色等鲜艳的色彩。

清代的贵州以制作皮胎漆器而闻名于世。它作为地方漆器的一个品种贡入宫廷。皮胎漆器较之木胎体轻、韧度好。

其制作方法为在牛皮胎上刷黑漆或朱漆作地，再在漆地上用金描绘花纹，有的则再罩上一层笼罩漆。贵州所制作的皮胎描金漆器多为盘、碗、盆、盒等日常生活用品，使用价值颇高。

苏州是清代宫廷造办处制作雕漆的中心，其造型、图案、款识直接受宫廷造办处指挥和控制。除了官办作坊直接为宫廷服务，地方漆器作坊也深受宫廷漆器影响，其雕刻风格是相同的。

每年慈禧太后过生日时，许多大臣也购买北京雕漆作为贵重礼品贡入皇宫。如慈禧太后雕漆嵌玉屏风，相传为两江总督端方为祝贺慈禧太后六十岁寿辰进贡的雕漆器，为苏州名匠梁福盛制作。宝座高115厘米，宽127厘米。屏风高271厘米，连座高 314厘米。

杭州曾是南宋制漆的中心之一，有许多一家一户的漆器作坊。清代的杭州仍保留了过去的传统，漆器制作以一家一户为单位，大多制作罩漆。

臂搁 古代文人用来搁放手臂的文案用具。除了能够防止墨迹沾在衣袖上外，垫着臂搁书写的时候，也会使腕部非常舒服，特别是抄写小字体时。因此，臂搁也称腕枕。

■ 清代雕漆山水人物插屏

清代剔红盖盒

在地方贡品中，四川进贡漆器的记录较少，只有清乾隆五十二年四川布政使王站柱进贡雕漆的记载。漆器中有一件款彩方套盒是四川制作，盒底有书“四川劝工局谨制”款。

此盒构图简练，纹饰疏朗，线条流畅，采用了款彩与描彩漆两种漆工艺。从此盒的款识分析，这件漆器是清代中后期由四川的官办作坊制作的，较为精致，形制也别出心裁。

广东是清代重要的对外贸易港口，也是清代制作多种工艺品的著名之地。广东制作的象牙、家具、珐琅、玻璃、玳瑁、鼻烟壶等制品享誉京城，也是广东官员向清官进贡的主要工艺品。

北京漆器以雕漆为主。光绪、宣统年间，北京的德诚局、甫润斋等作坊对流落民间的清乾隆雕漆曾有过研究。此外，继古斋有3位师傅也制作雕漆，但他们制作的雕漆不仿古代，有其独特的做法。

阅读链接

以清官档案1750年、1771年、1789年两淮盐政“进单”所记为例，扬州向清皇朝所贡漆器，就有紫檀周制、螺钿镶嵌、雕漆、彩漆、填漆、洋漆、彩勾金等各种工艺漆器。

品种器物大至御案、宝座、床榻、柜 桌、香几、屏风，小至各种箱、扇、盒、碗、碟、器皿，应有尽有。其内胎材料有紫檀、梨木、红木、黄杨等名贵木材。